Sammelband Anion-Ariane-Arion

Die wichtigsten hermetischen Titel in einem Band

Mein Dank gilt meinem Freund Peter Windsheimer für das Design des Titelbildes. Des Weiteren an Ariane und Michael Sauter.

Für Schäden, die durch falsches Herangehen an die Übungen an Körper, Seele und Geist entstehen könnten, übernehmen Verlag und Autor keine Haftung.

Copyright © 2017 by Christof Uiberreiter Verlag
Waltrop, Germany

Herstellung und Verlag:
BoD – Books on Demand, Norderstedt
ISBN 9783744895965

Inhaltsangabe:

Aus der Praxis für die Praxis

Das goldene Blatt der Weisheit

Die Alchemie – Die Mysterien des Steins der Weisen

Eine Adonistische Geschichte

Einleitung:

Bevor sich der Leser mit dem Inhalt dieses Buches vertraut macht, muss ich einige Erklärungen zu dieser, für manch einen merkwürdigen Schrift abgeben.

Wir haben uns entschlossen, sämtliche Bücher von Anion und Ariane vereint in einem Band herauszubringen, weil das der Zahl 4 entspricht. Auch haben wir Ariane als Mitautor gewählt, weil sie ihren Mann die Ideen zur Verwirklichung dieser Schriften eingab. Aber all diese Schriften hat es wirklich gegeben bzw. gibt es noch, denn Meister Arion schrieb nicht nur irdische Bücher, sondern vor allen Dingen astrale Werke. Dazu gehören auch die 78 Tarotkarten, worin jeder wahre Magier von gewissem Rang Einblick erhalten kann. So einer war Anion, der diese Werke aus dem Akasha holte, um es seinen Schülern als Unterstützung auf dem schweren „Weg zum wahren Adepten" zu geben. Den Auftrag, diese Schriften zu „übersetzen", bekam er von seinem Meister Arion.

Da der Inhalt dermaßen interessant ist, wünsche ich dem Leser spannende Stunden beim Studieren dieses Buches!

Hohenstätten

Aus der Praxis für die Praxis
Die Erweiterung aus „Der Weg zum wahren Adepten"

Vorwort:

Diese Zeilen zählen an sich zu den geheimnisvollsten Schriften die möglich sind, da sie einerseits das Gesetz des Schweigens aufheben und andererseits eine jede Übung in ihrer Quintessenz zeigt. Es wäre anzumerken, dass jede Übung und jede Stufe ein Mysterium für sich darstellt, wobei der Praktikant Jahre brauchen würde, um dies zu erfahren.

Den Sinn dieser Zeilen sehe ich darin, dass viele über Misserfolg und Enttäuschung reden. Dieses kleine Werk wird zur Offenbarung der einfachsten Übungen in ihrem tiefsten Sinn.

Inwieweit die Vorsehung zulässt, diese Zeilen zu lesen und zu verstehen, liegt nicht bei mir, denn dieses Büchlein darf als Hilfestellung zum „wahren Adepten" angesehen werden.

Anion

Stufe I
Magische Geistesschulung
Zur Gedankenkontrolle

Die Gedankenkontrolle ist der Schlüssel für alle weiteren Geistesübungen, aber auch für den Alltag von größter Wichtigkeit. Sie lehrt uns am Ende das bewusste Leben in jeder Hinsicht und Kleinigkeit. Einmal beherrscht, wird sie unbewusst alle Ebenen des Denkens beeinflussen, kurz gesagt, es zeichnet den Menschen und den Magier mit Kontrolle der Gedanken ein ethisches Leben vor. Jeder gedankliche Fehltritt wird bemerkt, der dann zu beseitigen ist, und somit übt man schon Einfluss auf das mentale Karma aus. Ich könnte noch viel darüber schreiben, aber diese kurzen Andeutungen sollten jedoch reichen.

Zur Gedankenzucht

Die Gedankenzucht befähigt uns, in jeder Situation ein geistiger Sieger zu sein, weil der Übende fähig ist, Grundgedanken festzuhalten. Man wird z. B. aus jedem Streit als Sieger hervorgehen, da der durchschnittliche Mensch allzu schnell vergisst, warum der Streit überhaupt entstanden ist. Anders der Magier, dem der Grundgedanke durch seine Übungen stets bewusst bleibt und am Ende klar den Punk des Streites deutlich wiederholen kann, was seinem Gegenüber sofort verstummen lässt. Dieser hat inzwischen durch Wut und Unzulänglichkeit viele Dinge gesagt, die mit dem Streit nichts mehr zu tun haben und muss schließlich erkennen, dass er nicht fähig ist, beim ursächlichen Streitpunkt zu bleiben.
Dieses Beispiel sollte genügen, obwohl eine Vielfalt von anderen Dingen zugunsten des Übenden ausfallen werden (Diskussionen, Erziehung, alltägliches Beisammensein mit Menschen usw.). Das soeben Gesagte gilt natürlich auch für Tiere und Pflanzen! Die meditative Einstellung beantwortet die ungelösten Fragen von selbst.

Zur Gedankenausschaltung (Gedankenbeherrschung)

Diese Übung wird dem Akashaprinzip zugeschrieben. Die Gedankenausschaltung ist eine der schwierigsten Übungen und kann in ihrer Tiefe erst nach jahrelangem Bemühen beherrscht werden. Ihr

Geheimnis ist überaus groß: Wer es fertig bringt, 10 Minuten ohne jeglichen Gedanken zu sein, der wirkt auf seinen Mentalkörper wie eine heilende und aufbauende Kraft. Verlängert man diese Übung und gelingt uns eine Vertiefung derselben, so erreicht man einen Zustand der Raum- und Zeitlosigkeit. Man vergisst den Körper ganz und gar und man hat das Gefühl der absoluten Freiheit.

Noch weitere Vertiefungen führen zur Verbindung mit Akasha, welches sich als universelles Licht ohne Zeit und Raum bemerkbar macht, und in dem Übenden tiefe Spuren der Verehrung und Erleuchtung hinterlassen. Auch über diese Übung könnte man viel sagen, was dann aber sehr abstrakt und wahrscheinlich unverständlich wäre. Dies alles und mehr beinhaltet die 1. Stufe der Mentalausbildung.

Magische Seelenschulung

Die Introspektion ist eine Annäherung Schritt für Schritt in das Akashaprinzip. Das, was wir magisches Gleichgewicht nennen, ist der Ausdruck Gottes in uns. Das Wort Gleichgewicht gilt ja insbesondere für Akasha, da es ja selbst alles im Gleichgewicht hält, so auch den Menschen. Er ahmt das Höchste nach und bringt sich und seiner Umgebung das höchste Glück der vier Eigenschaften des TETRAGRAMMATONS.

Das Geheimnis der Introspektion liegt darin, dass wir nicht nur alle negativen Eigenschaften ins Gleichgewicht bringen, sondern auch später die Positiven auf eine Gleichzahl von Eigenschaften hinzuziehen oder abziehen. Wenn wir uns den Makrokosmos aus universeller Sicht ansehen, so finden wir, dass jeder Genius einen Gegengenius hat und das im ausgeglichenen Maße in allen Sphären. Nach dem Prinzip, dass das was oben ist, auch das ist, was unten ist, bestätigt die Ansicht des Seelenspiegels. Wollten wir nur Licht sein, so würde der Schatten vergehen, ohne welchen das Licht keinen Bestand haben könnte. Wir würden also einseitig sein und müssten unsere Individualität aufgeben.

Bei der Arbeit des Seelenspiegels wird allerdings erst die dunkle Seite bearbeitet. Erst wenn diese vollkommen ausgeglichen ist, passen wir den hellen Seelenspiegel dem dunklen Seelenspiegel an. Erst dann kann man von Gleichgewicht sprechen. Würden wir alle negativen Eigenschaften vernichten, wären wir in jeder Situation hilflos und könnten im Leben nicht bestehen.

Das magische Gleichgewicht bedeutet in uns eine Stärkung des

Akashaprinzipes oder auch Gottesprinzipes, welches dann unsere Handlungen und Taten selbst leitet, wobei das Gesetz von Ursache und Wirkung ausgeschaltet ist, denn wie könnte Karma Gott beschuldigen? Auch diese Andeutungen sind knapp und wollte man sie alle anführen, dann müsste man ein eigenes Buch schreiben.

Die Körperschulung der ersten Stufe ist so beschrieben, dass ich dem nichts hinzufügen kann.

Stufe II
Magische Geistesschulung

Diese Stufe hebt unseren Willen und unsere mentale Kraft durch die Schulung der fünf Sinne. In dieser Situation entfernen wir uns von der materiellen Ebene, an die wir sehr gebunden sind.

Schon hier in der 2. Stufe lernen wir das Evozieren (Herabziehen) von der Mentalebene in die Astralebene. Unsere Vorstellungskraft lässt geistig Unsichtbares seelisch sichtbar werden, gemäß jedem Element. Durch die Schulung der fünf Sinne erreichen wir auch das mentale Akasha in unsere Astralebene zu ziehen. Da das Akashaprinzip der Ausgleich und die Mitte ist, wirkt es in der Astralebene am stärksten, denn über astral ist mental und unter astral ist stofflich. Hier erkennt man das große Geheimnis schon jetzt, dass die Gottesverbundenheit nur im Astral stattfinden kann.

Also nochmals, durch das Herabziehen mentaler Kräfte in die Astralebene ziehen wir unbewusst das Gottesprinzip in diese Ebene, in der wir alles erreichen können. Ganz abgesehen davon ist ohne Imaginationsübungen der fünf Sinne eine Entwicklung aus den oben genannten Gründen unmöglich.

Würden wir jetzt schon ein wenig mehr über die Lebenskraft wissen, so könnten wir jede Imagination grobstofflich verwirklichen. Warum das so ist, werden wir im weiteren Verlauf lesen, denn Glaube, Lebenskraft und Imagination sind der Schlüssel zur Materialisation. Ich bitte einen jeglichen Leser, darüber gut nachzudenken.

Allgemeines über die Lebenskraft

Ohne Lebenskraft wäre logischerweise kein Leben möglich. Sie geht direkt aus dem Ätherprinzip der stofflichen Welt hervor. Die Lebenskraft wird auch Magnetismus genannt, weil sie jeden Gedanken oder jedes

9

Geschehnis aufnimmt, obwohl sie elektromagnetisch ist. Die Lebenskraft ist also eine direkte Ausstrahlung Gottes und hat auch mit der Astral- und Mentalmatrize zu tun. In der Alchemie spielt sie die größte Rolle, ja ohne Lebenskraft wäre die Alchemie unmöglich.

Die Lebenskraft ist der Beginn der feinsten grobmateriellen Materie. Je dichter diese Kraft ist, um so physischer ist sie. Hier liegt auch das Geheimnis der Transmutation. Da sie der Träger aller sichtbaren ERSCHEINUNGEN ist, lässt sie sich mit jedem Gedanken präparieren. Dies ist der Schlüssel zum Erfolg auf der physischen Ebene in jeder Hinsicht.

Wie wir sehen, ist sie nicht irgend ein Ding, welches wir nur ein- und ausatmen, sondern es handelt sich hier bereits um eine höchste göttliche Kraft. Dessen muss man sich bewusst sein, wenn wir erfolgreich mit ihr arbeiten wollen. Würden wir sie als einfaches, physikalisches Etwas ansehen, so wäre sie dies auch, denn auch diesen Gedanken würde sie aufnehmen.

Wir sehen hier, wie wichtig es ist, nicht nur mit Quantitäten zu arbeiten, sondern auch die richtige Qualität zu erkennen. Quantität: Licht und Strahlkraft, die alles an sich zieht. Qualität: Ausstrahlung Gottes mit seinen vier Eigenschaften. Denn: wer erschuf das Leben?

Stufe III
Die Elemente

Wenn wir mit den vier Elementen arbeiten, sollte uns durch vorherige Meditation klar werden, dass wir mit dem JOD HE VAU HE arbeiten. Es ist also nichts Geringeres, als mit dem Namen Gottes in Verbindung zu kommen.

Arbeiten wir mit dem Feuerelement, so arbeiten wir mit dem JOD, welches als quantitative Kraft Hitze und Expansion bedeutet und in der qualitativen Form die Allmacht und Allkraft beinhaltet. Wie dumm ist es doch, nur mit der Einbildung zu arbeiten, dass man heiß und expansiv ist? Es ist beinahe Gotteslästerung, denn Meister Bardon setzte voraus, dass Glaube und Intuition einem jeden Schüler innewohnen.

Das Wasserelement mit seiner Kälte und des Zusammenziehens ist das Gegenteil des Feuerelementes und beinhaltet qualitativ die All-Liebe und das kosmische Leben. Es ist sehr dumm, dies bei den Übungen nicht zu beachten, denn wir können zwar die Qualitäten in unserem jetzigen

Entwicklungsstand nicht wahrnehmen, aber allein der Gedanke lässt uns die untersten Schwingungen erkennen.

Ich nehme Abstand, die anderen Elemente ebenfalls zu beschreiben, weil der Schüler ja selbst wissen wird, wie er zu arbeiten hat. Geht er nicht auf diese Art und Weise vor, so wird ihm die Kraft am Ende des Lehrganges fehlen, die wahre Gottesverbundenheit zu erreichen. Dies ist ein Mysterium, welches bei der ersten Elementeatmung anfängt und bei der Gottesverbundenheit endet.

Stufe IV

Bei der 4. Stufe verweilen wir noch einen Augenblick bei den Elementen. Wie eben gesagt, muss die Qualität der Elemente ebenso wie die Quantität beachtet werden, denn wenn wir die Elemente nur Quantitativ in die vier einzelnen Organe (die vier menschlichen Regionen) stauen, so erreichen wir z. B. jeweils nur Hitze, Leichtigkeit, Kälte und Schwere. Spätestens jetzt sollte der Schüler erkennen, wie wichtig die qualitative Einbeziehung von Nöten ist, um in den jeweiligen Organen das Gleichgewicht und die Gesundheit zu fördern.

Magische Geistesschulung

Hier können wir erkennen, dass der Mensch jegliche Form annehmen kann und somit an den menschlichen Körper nicht gebunden ist. Dies ist das Geheimnis, warum man gerade zu Tieren und Pflanzen liebevoll sein soll, denn auch sie sind Geist in einer anderen Form, als es der Mensch ist.

Sollte der Mensch alle Eigenschaften eines bestimmten Tieres annehmen, so ist auch dies gewissermaßen die Sünde wider des Geistes, denn es könnte passieren, dass gerade diese Eigenschaft den Menschen zum Tier macht. Es ist so, dass der Mensch nicht vom Affen abstammt, sondern genau umgekehrt.

Nun aber wieder zur 4. Stufe. Der Mensch lernt dadurch, ein jedes Lebewesen oder eine Sache durch Bewusstseinsversetzung zu erkennen. Ein Beispiel wäre, aus einem wilden Tier eine zahme Kreatur zu machen, weil der menschliche Geist das Bewusstsein des Tieres übernimmt und es so lenken und leiten kann. Ansonsten wird der Mensch in dieser Stufe vorbereitet, sich mit höheren Wesen oder Gottheiten zu verbinden. Der Unterschied ist dann nur, dass das höhere Wesen das Bewusstsein des

Menschen übernimmt.

Es kann gar nicht anders sein, das Höhere wird immer das Niedere beherrschen. Wir müssen wissen, dass alles Sichtbare vom Geist erschaffen wurde und somit im kleinsten Staubkorn die vier Elemente nebst Akasha präsent sind.

Meditation bringt auch hier den Schüler weiter und es wird sich ihm die Richtigkeit dieser Worte darstellen.

Magische Körperschulung

Über die Rituale kann ich nicht viel sagen, weil diese ausgiebig beschrieben sind. Ich empfehle nur ein Ritual, weil es sehr schwer ist, ein Kraftfeld im Akasha aufzubauen. Dieses Ritual sollte zur Verehrung der Gottheit benutzt werden. Alles andere wäre in diesem Reifezustand relativ egoistisch.

Stufe V
Magische Geistesschulung

Die 5. Stufe ist die langwierigste und anstrengendste im gesamten Lehrgang. Dringen wir in den Tiefenpunkt eines Gegenstandes ein, oder in das Akashaprinzip des Menschen, so befinden wir uns im sogenannten astralen Äther, der, wie das Wort schon sagt, etwas mit der Astralebene zu tun haben muss.

Die Astralebene ist ein Dichtigkeitsgrad von Akasha selbst. Selbstverständlich gehen aus diesem astralen Äther die vier Elemente hervor. Wie wäre es sonst möglich, im Tiefenpunkt Verstorbene bzw. den Schutzgeist zu erreichen?

Diese Anschauung dürfte vielen neu sein, aber schließlich können wir in der Astralebene alles Vergangene und Zukünftige lesen. Durch diese Versenkung in den Mittelpunkt ist nun bei vielen Einweihungssystemen der Gedanke entstanden, dass die stoffliche Welt nur Maya oder Täuschung ist. Diese Einweihungssysteme übersehen dabei, dass selbst die Astralebene wandelbar ist.

Nun zurück zum astralen Äther. Er ist die feinste, nur von einem Eingeweihten wahrnehmbare Schwingung. Es ist die göttliche Vorsehung an sich. Bei der Tiefenversetzung ist es sehr notwendig, den Körper ganz zu vergessen, da es sonst unmöglich wäre, sich zu orientieren. Je kleiner wir uns machen, um so besser, denn wir merken, dass jeder Gegenstand, sei er noch so klein, ein riesiger Kosmos ist. Dieses Erforschen der Unendlichkeiten erweckt in uns ein Bewusstsein, dass es weder groß noch klein gibt, sondern im Prinzip, einschließlich des Makrokosmos, alles gleiche Größe hat.

Erst dieses Erkennen macht es uns später möglich, uns makrokosmisch zurecht zu finden, weil ja Maß, Zeit, Raum, Gewicht usw. wegfallen. Dies ist natürlich für den verkörperten Menschen ein widersprüchlicher Zustand, der nur durch sehr langes Üben zum Meister macht! Nur die Vergewisserung des eigenen Geistes durch Gedanken wie: ICH BIN DER MITTELPUNKT DES GEGEN- STANDES; ICH HERRSCHE ÜBER DIESEN KOSMOS, verhindert dass wir nicht rasch das Bewusstsein verlieren.

Beim Reißen der Astralmatrize, auch Tod genannt, taucht der Mentalkörper für wenige Augenblicke in diesen Mittelpunkt ein und weil Raum und Zeit fehlt, erlebt er hier sein ganzes Leben in kürzester „Zeit" noch einmal. Gleichzeitig geschieht hier die Abrechnung der positiven und negativen Lebensverhältnisse. Wie wichtig der astrale Ausgleich ist, erkennen wir sofort, weil nicht nur bei dieser Abrechnung Verzerrungen entstehen würden, sondern auch bei den Empfindungen des kosmischen Bewusstseins, welches ich vorher beschrieb.

Magische Seelenschulung

In diesem Reifezustand muss es uns gelingen, die Elemente grobstofflich zu verdichten, oder besser gesagt zu evozieren. Dass wir sie durch den Solar Plexus an die Außenwelt bringen, unterstreicht wieder, dass wir unser höchstes Glaubensprinzip nebst Imagination benutzen. Ansonsten könnten wir nie erreichen, dass sich ein Element derart verdichtet, dass es selbst für Uneingeweihte sichtbar, fühlbar usw. werden kann. Auch hier werden viele Schüler bis zur Verzweiflung getrieben, wenn kein Element sich mit seinen spezifischen Eigenschaften sichtbar zeigen will.

Eine weitere Übung dieser Stufe ist das direkte Herabziehen der Elemente aus dem Kosmos. Der Sinn dieser Übung liegt darin, dass die Elemente frei von unseren persönlichen Schwingungen und Zuständen bleiben. Wir sprechen hier von reinen Elementen. Beim Herabziehen aus dem Universum (Astralebene) gehen wir geistig so dicht wie möglich an ihren Ursprung, welches das universelle Akashaprinzip ist. Frei von jeder

Tätigkeit erscheint z. B. das Feuerelement selbst rein ätherisch. Es besitzt eine Feinheit, die sich mit bloßen Worten nicht beschreiben lässt, weil diese Ausstrahlung die subtilste Form der Allmacht und der Allkraft ist. Erst beim Herabziehen und Verdichten verliert sich diese Feinheit und bis es dann vor unseren Augen erscheint, ist es stofflich geworden. In gleicher Weise verhält es sich mit den verbleibenden Elementen.

Anmerkung: Wenn die reinen Elemente vor uns sichtbar sind, hüte sich ein jeder Praktikant, etwas Destruktives zu tun oder zu denken, weil dieses verdichtete Element dann großen Schaden bringen könnte. Es ist sogar möglich, dass sich in solchen Fällen das Element gegen seinen Erzeuger richten könnte.

Magische Körperschulung

Die Körperschulung der fünften Stufe ist ausgiebig beschrieben, daher möchte ich nur hinzufügen, dass beim passiven Verkehr nicht nur der Schutzgeist oder Verstorbene gerufen werden können, sondern, wenn die Entwicklung gut ist, bereits höhere Wesen angesprochen werden dürfen.

Zusatz zur Stufe V
Elementebeherrschung und Introspektion

Wie wir wissen, müssen wir in dieser Stufe alle vier Elemente direkt aus dem Universum einziehen, um sie dann durch den Solar Plexus in den Raum abzuleiten und sie später aufzulösen. Hier finden wir ein großes Geheimnis, wenn wir danach suchen. Nun nehmen wir den Seelenspiegel zur Hand und schauen z. B. in die dunkle Region des Feuerelementes. Diese beiden Dinge verbinden sich schnell, weil sie analog universell sind. Ist dies so geschehen, lassen wir das Feuerelement samt der Eigenschaft oder Leidenschaft durch den Solar Plexus ins Zimmer. Wir vergewissern uns nun, dass das JOD mit der lästigen Eigenschaft imprägniert ist. Wir müssen nun die Allmacht und die Eigenschaft förmlich körperlich spüren. Ist dem so geschehen, lassen wir das Feuerelement explosiv ins Universum zurück. Nach wenigen Wiederholungen wird man frei von dieser Eigenschaft und dies ist eine relativ sichere und schmerzlose Form der Introspektion, die man aber erst hier in dieser Stufe anwenden kann. Diese Technik wird zum ersten Mal jetzt zu Papier gebracht, weil sie ein großer Fortschritt ist und rasch zum magischen Gleichgewicht führt. Mit den übrigen drei Elementen kann man selbstverständlich genauso verfahren. Dass diese Dinge nicht so direkt in dem Buch „Der Weg zum wahren Adepten" geschrieben stehen, liegt darin, dass jeder Schüler, der bis hierher gekommen ist, durch Intuition selbst darauf kommt.

Wir erkennen also, dass dieses Buch bei weitem mehr enthält als sich vermuten ließe, denn es gibt Dinge, die nur aus der Praxis entstehen und niemals von selbst so erkannt werden.

Stufe VI
Magische Geistesschulung

Zum jetzigen Evolutionszeitpunkt leben die Menschen hauptsächlich unbewusst oder halbbewusst. Sie dämmern sozusagen, obwohl sie wach sind, denn sie verstehen es nicht, den Geist zu fordern und somit zu erwecken. Wenige Menschen leben bewusst.

Die Aufgabe dieser Stufe ist es, den Geist aus seiner Mentalsphäre auf die materielle Ebene zu projizieren. In den vorherigen Stufen haben wir durch Bewusstseinsversetzung in Tiere, Gegenstände usw. gelernt, mit dem Erdelement, welches ja das Bewusstsein darstellt, bewusst in die Astralebene und auch in die stoffliche Ebene zu gehen. Aber wie gesagt: Nur mit einem Element! Sinn und Zweck der Geistesschulung in dieser Stufe ist es, alle vier Elemente auf die grobstoffliche Ebene herabzuziehen.

Dies bringt viele Schwierigkeiten mit sich, weil der Mentalkörper im zeit- und raumlosen Zustand lebt. Er kann sich nur schwer den stofflichen Begebenheiten und Gesetzen anpassen, wodurch in den meisten Fällen Elementeverschiebungen stattfinden.

Nur ein bis hierher geschulter Geist darf es wagen, sich in die materielle Ebene zu begeben und dort aktiv zu arbeiten. Dennoch kommt es bei den Übungen zu Schwindelgefühl, Gleichgewichtsstörungen und in schlimmen Fällen sogar zur Ohnmacht. Das ist aber schon ein Ausdruck des nicht richtig geschulten Geistes.

Seinen Geist bewusst auf die materielle Ebene zu ziehen, bedeutet vollbewusst in jeder Situation alles vom unsterblichen Geist zu beeinflussen. Wir sind nun in der Lage, geistig, seelisch und stofflich auf der materiellen Ebene zu wirken. Außerdem erhält der Mentalkörper große Kräfte durch die materiellen Schwingungen.

Magische Seelenschulung

In dieser Stufe lernen wir das Gottesprinzip in Form von astralem Äther zu spüren. Man wird eine sehr starke Weltentrückung feststellen, weil Zeit und Raum nicht mehr vorhanden sind und es ist schwer, diese Empfindung zu erklären, solange wir verkörpert sind. Es ist die ergänzende Übung zur eigenen Mittelpunktversetzung, denn jetzt identifizieren wir uns mit dem universellen Akashaprinzip und müssen erkennen, dass es vom Standpunkt des Akashas kein Außen und kein Innen gibt und somit Tiefenpunktversetzung und Akasha-Identifizierung ineinander fließt und keinen Unterschied zulässt.

Ein unbegrenzter Raum ist kein Raum, eine unbegrenzte Zeit ist keine Zeit und dies sind die Gesetze des Akasha. Diese Gesetze der Ursachensphäre erlauben es, Gedanken und Vorstellungen hervorzubringen, welche sich dann unweigerlich auf der gewünschten Ebene manifestieren müssen.

Die Elementebeherrschung ist aus dieser Ebene eine sehr leichte Sache, weil Akasha die Ursache für eben diese Elemente ist. Der Wirkungskreis des Magiers, der ehrlich und unerschütterlich bis hier angelangt ist, kann Dinge vollbringen, welche die Vorstellungskraft eines jeden Menschen übersteigen. In dieser Stufe lernen wir, Rituale richtig zu gebrauchen; für jedes Element und jede Ebene jeweils acht. Näheres dann im Buch „Der Weg zum wahren Adepten".

Die Körperschulung der sechsten Stufe ist ausreichend beschrieben und deshalb habe ich nichts hinzuzufügen.

Anhang zur Stufe VI

Meditation auf universelle Beschaffenheit des gesamten Menschen: Wie wir wissen, ist der Mentalkörper mit der Mentalmatrize an den Astralkörper gebunden, damit dieser leben kann. Die Astralmatrize ist wiederum mit dem stofflichen Körper als Lebensglied verbunden. Wie bemerkt, ist sie mit dem Astralkörper verbunden. Und nun die Frage: Wie kann die Mentalmatrize aus der Mentalebene und dessen Akashaprinzip Gedanken und Ideen auffangen?

Stufe VII
Magische Geistesschulung

Wenn der Schüler bis hierher gekommen ist, sollte er seinen Mentalkörper und dessen Funktion noch einmal überprüfen. Durch die vorhergehende Introspektion hat schon ein gewisser Ausgleich des Mentalkörpers über die Mentalmatrize stattgefunden. Dennoch kann es sein, dass ein oder zwei Elemente z. B. Wille und Intellekt nicht ganz in der Waage sind. Das kommt daher, weil jeder Mensch, der bereit ist, die Adeptschaft anzutreten, schon eine gewisse Vorbildung hat, die nicht unbedingt von Nutzen ist. Es liegt daran, dass er sich über mehrere Verkörperungen, entweder durch unzureichende Yoga-Praktiken oder christliche Mystik etc. einseitig entwickelt hat.

Beim Letzteren z. B. ist der Gefühlsaspekt natürlich besonders ausgeprägt. Bei einem ehemaligen Paktabschluss ist der Mentalkörper häufig stark deformiert, weil er in der Sphäre des Dämons jeweils nur mit ein oder zwei Elementen arbeitete. Würden wir es unterlassen, den Mentalkörper in der siebten Stufe noch einmal zu untersuchen, würde uns erstens die Verbindung mit unserem persönlichen Gott nicht gelingen und zweitens könnte über die Mentalmatrize das astrale Gleichgewicht wieder gestört werden. Es wäre besser, wenn man dieses Übel eher erkennen könnte, aber erst das bewusste Arbeiten mit dem Akashaprinzip und der Umgang mit dem eigenen Mentalkörper auf stofflicher Ebene macht es uns möglich, den Geist ins absolute Gleichgewicht zu bringen, durch Übungen, die dem jeweils schwachen Element Kräfte zuführen. Sonst würden wir, wie gesagt, nur die Heiligkeit also Unantastbarkeit erreichen.

Dies hätte zur Folge, dass wir uns nach Abschluss des Lehrganges ins Akashaprinzip auflösen oder durch sehr schwierige Nachhohlarbeit uns den universellen Geist aneignen müssten.

Insbesondere das Schicksal, aber auch die Elemente sorgen für die soeben genannten Schwierigkeiten. Wir sehen also, wie wichtig es ist, in dieser Stufe nochmals am Gleichgewicht des Geistes zu arbeiten. Der besonders begabte Schüler wird aber feststellen, dass seine Elemente in der Mentalebene bereits ausgeglichen sind und die siebte Stufe der Geistesschulung ihm keinerlei Schwierigkeiten bringt.

Die Seelenschulung und Körperschulung der siebten Stufte sind mehr als reichlich beschrieben.

Stufe VIII
Magische Geistesschulung

Das Mentalwandern wird den Praktikanten in größte Schwierigkeiten bringen, weil zunächst alles auf Imagination und Einbildungskraft beruht. Wir sollten daher erst kürzeste, in der Umgebung erreichbare Menschen und Tiere beobachten und jeder wird die Feststellung machen, dass zu diesem Zeitpunkt sein sogenanntes Mentalwandern eine große Einbildung war. Viele Logen und Systeme erkennen das nicht und erbauen sich dadurch eine Scheinwelt, in der sie dann in großer Einbildung und im Verkehr mit höchsten Gottheiten leben.

Anders der Schüler, der die Adeptschaft erreichen will! Da die sogenannten Mentalaustritte in naher Umgebung stattfinden, wird er sofort seinen Übungsplatz verlassen, um zu überprüfen, ob seine Eindrücke der Wahrheit entsprechen. Es hat Schüler gegeben, die jahrelang auf diese Weise geübt haben und erst nach stärkeren Willensanstrengungen Erfolge verbuchen konnten. Hat man dies erst einmal erreicht, so darf man davon ausgehen, dass größere Entfernungen, sogar Weltreisen gelingen und auch ihre Richtigkeit haben.

Ist der Schüler soweit gekommen, so spürt er eine große Leichtigkeit und Ungebundenheit, welche ihm die Möglichkeit gibt, in höhere Ebenen zu gelangen, um hier reichlich Erfahrungen sammeln zu können.

Magische Seelenschulung

Da wir in diesem Entwicklungszustand geistig und seelisch im absoluten Gleichgewicht sind, offenbart sich dem Schüler das Akasha als das große JETZT! Der Schüler wird erfahren, dass selbst auf der grobstofflichen Ebene keine Zeit vorhanden ist, und somit die Vergangenheit und Zukunft ausgeschlossen sind.

Er passt sich dem JETZT an und nähert sich somit grobmateriell dem Akashaprinzip. Daraus entsteht die Möglichkeit, stets vollbewusst alle Dinge seines Tageswerkes zu tun. Er wird die feinsten Gedanken beurteilen und abwägen. Eine andere Handlungsweise betreffs der Denkweise und Handlung würde sich derart ins Akashaprinzip verlegen, dass chaotische Dinge entstehen könnten. Solche Menschen werden in kürzester Zeit von Maya geblendet, um diesem Wirken ein Ende zu setzen.

Akasha selbst also sorgt für den Stillstand der Weiterentwicklung und

Niemand und Nichts könnte daran etwas ändern. Akasha oder der materielle Äther, hält hier alles im Gleichgewicht wobei Krankheit, Kriege und andere schlimme Dinge dazugehören. Dies wird aber nicht immer so bleiben, weil im Laufe der Evolution das Akashaprinzip nach den Gesetzen der Evolution, die es selbst geschaffen hat, sich stärker auf dieser Ebene manifestiert, um Dinge auszugleichen, die jetzt noch nicht im Gleichgewicht sind. Warum gibt es die Brüder des Lichtes, welche sich inkarnieren, um für ein nötiges Gleichgewicht zu sorgen? Hier finden wir die Bestätigung des soeben Gesagten und deshalb darf der Mensch durch seine Gedanken und Taten nicht zerstörerisch wirken, sondern wird liebevoll ausharren, bis die Evolution ihr Ziel erreicht hat, und das ist das große JETZT, welches nicht nur in der Gegenwart wirkt, sondern in der Allgegenwart.

Anhang zur Stufe VIII

Das elektrische Fluid entsteht aus dem Feuerelement, das magnetische Fluid aus dem Wasserelement. Wie mit diesen beiden Fluiden zu arbeiten ist, steht sehr gut im Buch „Der Weg zum wahren Adepten" beschrieben.
Was wir dort jedoch nicht finden, ist die quabbalistische Erklärung des OR und OB! Hier finden wir die makrokosmische Erklärung für den Schöpfungsakt. Beim genauen Betrachten der ersten Tarotkarte finden wir das elektrische Prinzip personifiziert als Brahma, das magnetische Prinzip ebenfalls schöpferisch als Shakti, welches als Schöpferpaar in der indischen Philosophie dargestellt wird. Dem folgend stoßen wir auf ein großes Geheimnis, welches dem Praktikanten die enorme Kraft der beiden Fluide vor die Augen führt.
In Wirklichkeit waren nicht die vier Elemente geschaffen. Das elektrische und magnetische Fluid, welches von Akasha getragen wird und unerschaffen ist, brachte die Elemente hervor. Aus dem elektrischen Fluid entstand Feuer, aus dem magnetischen Fluid das Wasser. Diese Beschreibung ist eigentlich schon der Zustand vor der Schöpfung. Tiefe Meditation bringt den Schüler nun vollends auf das Geheimnis des Daseins. Hier zeigt sich das Akasha als Gott, der nie erforscht werden kann, weil gerade diese beiden Grundfluide sich im Akasha verlieren und kein Mensch in die Tiefen hineingelangen kann, aus den die genannten Fluide hervorgehen. Was wir wissen, sagt uns nur der vierpolige Magnet, den wir zur Hilfe nehmen müssen, um ein derartiges Geheimnis zu kennen und nur

19

der Quabbalist wird es in aller Deutlichkeit erfahren.

Der vierpolige Magnet wohnt im Akasha, denn jedes Haupt-Fluid besitzt zwei Polstrahlungen, nämlich aktiv und passiv, welches die Zahl vier ergibt und den Schüler auf die vier Elemente hinweist. Wie wir wissen, stellt quabbalistisch gesehen Gott die Nummer eins dar. Dies wird so interpretiert, dass im tiefsten Geheimnis, welches nie dargestellt werden kann, das elektrische und magnetische Fluid eins sind.

Diese Materie möchte ich jetzt nicht weiter beschreiben, wofür der Schüler Verständnis haben wird. Ich gebe hier nur noch den Hinweis, und zwar, dass nach Vollendung der persönlichen Gottesverbundenheit alle vier göttlichen Tugenden ineinander fließen und zur eins werden. Das aber gehört schon zur zehnten Stufe des Lehrganges.

Körperschulung findet in dieser Stufe keine Erwähnung mehr, weil ja jeder Schüler die Grundbedingungen der ersten Stufe aufrecht erhält, wobei er insbesondere die Lebenskraft durch Meditation und Übung auf ein Höchstmaß steigern muss.

Über die „niedere" Elementearbeit möchte ich auch nichts mehr zu Papier bringen, weil sie sehr deutlich in der achten Stufe des Buches „Der Weg zum wahren Adepten" beschrieben steht. Es handelt sich hier um niedere Magie und darf durchaus schon in der dritten Stufe ihre Anwendung finden.

Stufe IX
Magische Geistesschulung

Die Geistesschulung der neunten Stufe weist auf Praktiken hin, die jedem klar sein dürften, der hier angelangt ist. Aus diesem Grunde gehen wir gleich zur magischen Seelenschulung der neunten Stufe über.

Magische Seelenschulung

Nur sehr wenige Menschen beherrschen die bewusste Trennung des Astralkörpers vom grobstofflichen Körper. Die Anleitungen dazu sind sehr gut im Buch „Der Weg zum wahren Adepten" beschrieben, aber nicht ungefährlich. Nur ein gesunder Mensch darf daher die Praxis ausüben. Hinzu kommt, dass ein Mechanismus den Selbsterhaltungstrieb aufs Höchste antreibt, denn die astrale Loslösung ist ja eine bestimmte Art vom grobstofflichen Tod, der allerdings künstlich hervorgerufen wird. Wird die Loslösung aber gut beherrscht, so braucht der Schüler sich nicht solche

Gedanken machen, wie bei der Loslösung des Mentalkörpers, der ja viele Täuschungen in der Anfangsphase aufweist. Der Astralaustritt bringt sofort die Realität ohne jede Täuschungsmöglichkeit.

Den Schüler wird es nicht lange auf dieser Erde halten, weil seine Heimat die Astralebene ist, wodurch eine Sehnsucht entsteht, der er nicht lange widerstehen kann. Ein Gefühl der absoluten Freiheit und Losgelöstheit bewirken dann durch eine schnelle Drehbewegung den Eintritt in die Astralebene. Hier erwartet den Schüler ein Farbspektrum, welches mit bloßen Worten nicht beschrieben werden kann. Nach weiterem Aufsteigen wird er feststellen, dass diese Ebene von Bäumen, Gräsern, Tieren usw. bewohnt wird. All diese Natur hat ein inneres Leuchten, welches die Charaktere und die Kraft der Tiere oder Pflanzen zeigen. Kein Geschöpf der Natur auf der Astralebene ist scheu oder bösartig. Es ist dem Paradies, dass in der Bibel beschrieben wird, ähnlich, aber bei weitem wundersamer.

Auch in der Astralebene gibt es Tag und Nacht, wobei die Dunkelheit nicht so ausgeprägt ist, wie auf unserer stofflichen Welt. Wir können einen Wald durchstreifen, und da die Bäume und Gräser die vorher genannte Strahlkraft haben, wird eine gewisse Art von Helligkeit sehr deutlich. Flüsse, Seen und Meere sind wunderschön und haben eine smaragdgrüne Farbe.

Ein astraler Mensch kann zu Fuß unbeschadet über alle Gewässer laufen, welche eine heilsame Kraft, magischer Natur auf ihn ausüben. Ich nehme Abstand davon, über die wunderschönen Nixen und Wassermänner zu sprechen, weil über diese in dem Werk „Die Praxis der magischen Evokation" genug geschrieben steht.

Prinzipiell laufen Menschen in der Astralebene nicht, sondern wünschen sich an ihren Zielort, wo sie dann augenblicklich eintreffen. Auf der Astralebene gibt es weder Hunger noch Krieg, weiterhin fehlen Feindschaft, Neid und alles Negative. Der Grund dafür ist, dass das negative Prinzip nur auf der materiellen Erde wirksam sein darf. Dies ist ein universelles Gesetz!

Die Sprache ist symbolisch und wird telepathisch übertragen. Es gibt auf der Astralebene Ortschaften und kleinere Städte, die jedoch ganz anders beschaffen sind als auf der grobmateriellen Ebene. Fabriken und ähnliches gibt es nicht. Bitte verstehen Sie mich nicht falsch, denn wenn wir die Region der Widerspiegelung betreten, finden wir natürlich alles was es auch grobstofflich gibt, aber diese Ebene ist für den Besucher der Astralebene unwichtig, denn er trachtet nach Höherem.

Auf der Astralebene gibt es Schulen, wo eben diese Gesetze von so genannten Lehrern, die meist menschlicher Natur sind, gelehrt werden, aber die Astralebene schon länger bewohnen und daher die Gesetze ausreichend lehren können. Von Zeit zu Zeit manifestiert sich ein universelles Wesen, welches die höheren Gesetze preisgibt und die Entwicklung beschleunigt. Wie wir wissen, wird die Astralebene auch von hohen Urintelligenzen und Genien bewohnt. Diese haben keine menschliche Gestalt, sondern stellen sich als Kraftfelder dar und in den Farben spiegeln sich ihre Eigenschaften. Aschmunnadai und Lilitha sind die ältesten Astralwesen und sozusagen die Urbilder des menschlichen Körpers. Wollten wir Aschmunadai besuchen, so müssten wir ein riesiges Königreich betreten, deren Bewohner alle Untergebene Aschmunadais sind. Darunter sind hohe Intelligenzen, welche viele Dinge mental, astral oder stofflich regeln, mit Hilfe des elektrischen und magnetischen Fluids. In der Mitte des Königreichs steht eine riesige Pyramide, die mit der geistigen Essenz des Königs umstrahlt ist. Wird uns Einlass gewährt, so nimmt Aschmunadai menschliche Gestalt an und erscheint als weißhaariger, alter König. Er trägt eine wunderschöne Krone, die selbst in der Astralebene ihresgleichen sucht. Sein Gewand scheint aus purem Gold und jeder Finger wird von einem Ring geschmückt, welcher je eine göttliche Eigenschaft und ein universelles Gesetz darstellt. Sein Gesichtsausdruck ist freundlich und streng zugleich. Seine grünen Augen haben eine derartige Ausstrahlung, dass man unweigerlich zurückschreckt. Er hat das Wissen und die Weisheit der gesamten Astralwelt, welche ja räumlich nicht begrenzt ist. Sein Verstand ist scharf und es gibt in der gesamten Erdgürtelzone keinen Genius, der diesem Herrscher widersprechen könnte. Wie schon gesagt, ist er das allererste Wesen des schöpferischen Prinzips auf der Astralebene.

Wohl dem hoch geschulten Menschen, der direkt in den Palast vorgelassen wird. Ich will mich nicht weiter mit der Beschreibung von Genien und deren Erreichen beschäftigen und möchte mich noch einmal dem astralen Alltag zuwenden.

Auf der Astralebene wird nicht gegessen, sondern man führt sich die Elemente und Fluide selbst zu, welches mit Hilfe des unsterblichen Geistes geschieht. Alle Religionen sind in der Astralebene vertreten und der Christ wird Christus finden, der Buddhist Buddha usw. Dies gelingt ihm aber nur durch tiefe Meditation und den erhabenen Wunsch, mit seinem Gott in Verbindung zu treten. Dem Eingeweihten erscheint die Gottheit im Astralen als gleißende Sonne, in die er sich zu versetzen vermag, wo sich Dinge abspielen, die niemals auf stoffliches Papier gebracht werden dürfen. Ich würde es begrüßen wenn der Schüler sein Wissen durch diese Zeilen bereichern könnte.

Wie wir erkennen, ist das negative Prinzip auf der Astralebene unwirksam und dies ist der Grund, warum man sich auf die stoffliche Ebene zurück inkarnieren muss, weil der Geist nur im Kontrast zwischen „gut" und „böse" lernen kann. Nach unseren Zeitbegriffen dauert das Verweilen auf der Astralebene zwischen 25 und 70 Jahren. Anders bei einem Magier, der je nach Tätigkeit, sich entweder nur nach Jahrtausenden wieder verkörpert oder aber schon nach 9 Monaten. Es kommt dabei immer auf die Mission an, die er direkt von der göttlichen Vorsehung erhält bzw. empfängt.

Wollte ich nun auf alle Gesetze eingehen, so müsste ich ein dickes Buch separat schreiben. Das was ich hier gesagt habe, soll als kleine Ergänzung zu dem dienen, was in dem Werk „Die Praxis der magischen Evokation" geschrieben steht. Jeden Dichtigkeitsgrad der Astralebene zu beschreiben wäre unmöglich, denn die Unendlichkeit kann man nicht beschreiben.

Es folgt die Imprägnierung des Astralkörpers mit den vier göttlichen Grundeigenschaften:

Wie bei den Elementen und dem Akashaprinzip ziehen wir die Tugenden Gottes zuerst in unseren Astralkörper. Um jeder Tugend die nötige Quantität zu geben, empfehle ich, bei dem Feuerelement zunächst sieben Atemzüge zu machen und dies gilt auch für die anderen drei Elemente. Beim Einatmen spüren wir schon die Allmacht. Wir beginnen nun, sehr tief über dieselbe zu meditieren. Es kann Stunden oder Tage brauchen, bis wir uns der Allmacht derart bewusst werden, dass sie auf uns übergeht. Es gibt dann keine Macht, die stärker wäre, als die eigene oder angeeignete Macht, nichts könnte ihr widerstehen, ob stofflich, astral oder mental.

Mit allen drei anderen göttlichen Tugenden ist genauso zu verfahren. Nach langen, tiefen Meditationen werden wir dann Erfolg haben.

Für den Schüler dürfte interessant sein, dass über die Mentalmatrize auch der GEIST eine Vergöttlichung erlebt. Wie kann etwas Göttliches sich vergöttlichen? Diese Frage ist einfach zu erklären. Der Geist besteht aus Feuer-Wille, Luft-Intellekt, Wasser-Gefühl und Erde-Bewusstsein. In der jetzigen Erfahrung der neunten Stufe erweitert sich der Geist in: Allmächtigen Willen, Allweisen Intellekt, All-Liebendes Gefühl und Bewusste Allgegenwart. Der Geist muss ja auch durch die Evolution gehen. Anfangs war er unsterblicher Geist und nun ist er, wenn ich die christliche Terminologie benutze, „UNSTERBLICHER HEILIGER GEIST!"

Auch auf den grobstofflichen Körper gehen die Kräfte über. Sie machen uns zu wahren Herrschern auf allen drei Ebenen, aber auch im Mineral-, Pflanzen-, und Tierreich.

Es empfiehlt sich nicht, während des Alltages sich mit diesen hohen Eigenschaften zu imprägnieren, weil wir dann erstens kein „normales" Leben führen könnten und andererseits das Gesetz des Schweigens arg verletzt würde. Der Adept wird meine Worte verstehen.

Stufe X
Magische Geistesschulung

Wir sind jetzt schon so geschult, dass es keine Schwierigkeit bedeutet, sich in die Elementereiche zu begeben. Aber ich möchte noch einmal das Wasserreich der astralen Ebene hervorheben, weil dieses für den Adepten die größten Gefahren birgt.

Unter den Eingeweihten ist es kein Geheimnis, dass bestimmte Nixen den Auftrag haben, einen Adepten in der Entwicklung zu bremsen oder ganz aufzuhalten und keiner sollte sagen: „Mir passiert das nicht!"

Diese Nixen haben eine berauschende Schönheit, ihre Anziehungs- kraft und Lieblichkeit sind so stark, dass Bewusstsein und Gefühl aufs Höchste erregt werden. Außerdem haben Nixen einen glasklaren Verstand, der dann dazu benutzt wird, um beim Adepten etwaige Fehler zu entdecken, wo sie dann mit dem magnetischen Fluid den Magier verzaubern. Es könnte nun der Gedanke kommen, dass man die Gottesverbundenheit des Wasserelementes annehmen könnte, um allen Versuchungen zu widerstehen. Ein solches Handeln ist aber nicht erlaubt und verstößt gegen ein universelles Gesetz. Würde der Magier dieses Gesetz dennoch missachten, würden die Wasserwesen in panischer Angst fliehen und würde man einem Wasserwesen zu nahe kommen, würde das den sofortigen Tod des Wesens bedeuten. Dieses rührt daher, weil die Schwingungen zu fein wären, als dass eine Nixe, ganz gleich welchen Ranges, eventuell ausgenommen der höchsten Herrscher und Herrscherinnen, dies aushalten könnte. Näheres dazu finden wir im Buch „Die Praxis der magischen Evokation", wo einzelne Nixen und Wassermänner beschrieben stehen.

Das Wasserelement steht indirekt mit der Venussphäre in Verbindung und dem Adepten wird also klar, woher die Anziehungskraft der Wasserwesen stammt.

Nun ist die Zeit gekommen, wo wir direkt mit unserem Schutzgeist in der Astralebene Verbindung aufnehmen, wenn wir das nicht schon in der vorhergehenden Astralschulung (Astralleibaussendung) getan haben. Immer ist es ein besonderes Erlebnis, weil der Schutzgeist den Menschen schon sehr lange kennt und geführt hat. Außerdem ist ein Schutzgeist eines Adepten ein sehr hohes menschliches Wesen, welches man zu recht Guru nennen darf, weil dieses Wesen die ganze Entwicklung des Magiers übernimmt. Daraus wächst eine große Freundschaft und sollte das Schicksal den Adepten besonders prüfen, so hat dieser immer die Gelegenheit, Anlehnung bei seinem Schutzgeist zu finden.

Magische Seelenschulung

Hier finden wir die Gottesverbundenheit von außen nach innen. Sie verstärkt die Vergöttlichung des Menschen, der eigentlich jetzt aufhört, Mensch zu sein. Er wird zu Gott und alle Ehre wird im zuteil, die nichts mit irdischer Ehre zu tun hat. Denn nun geschieht mit ihm folgendes:
Der Adept durchschreitet im Astralen eine riesige Pforte und alle Wesen, ob positiv oder negativ, beugen sich vor ihm. Die Vorsehung selbst hat nun ein Krone bereitet, die aus Licht besteht und einige wunderschöne Farben seiner geistigen Eigenschaften zeigen. Es kommt zu einer regelrechten Krönung in hoher magischer Zeremonie, welche ein Bruder des Lichtes vollzieht.
Es wird ihm nun ein Gewand angelegt, welches ihn unantastbar macht und nun erstrahlt der Magier in seiner vollen Größe, die ihn unter die höchsten Herrscher einreiht und die gesamte Hierarchie steht zu seinem Dienst. Während der Zeremonie fährt ein Strahl Akasha in ihn ein, welchen man mit irdischen Worte am besten so beschreibt, dass zu der Astral- und Mentalmatrize eine völlig neue, anders geartete Matrize hinzukommt, die als Bindemittel zum Gottprinzip und zum Makrokosmos zu verstehen ist.
Wie tief diese Erfahrung ist, kann man unmöglich beschreiben, der Gekrönte wird für alle seine Bemühungen belohnt. Seine Misserfolge und Schwierigkeiten erhalten eine besondere Beachtung, welche zu hoch ist, um darüber etwas zu sagen.
Akasha verliert sein Schwarz- oder Dunkelviolett und wird zum strahlenden Licht, welches im Adepten die Göttliche Vorsehung fühlen lässt und wobei eine große Demut entsteht. Der Wunsch, dieser Kraft zu dienen, wird sehr groß. Den gesamten Vorgang will ich nicht beschreiben, denn dies ist die Einweihung in der Astralebene, die nicht weiter aufgelistet werden darf.

Nachwort:

Dem Schüler einen tieferen Einblick in das Buch „Der Weg zum wahren Adepten" gegeben zu haben, würde mir tiefe Zufriedenheit schenken.
Die Problematik wurde von einer ganz anderen Seite gezeigt, die in die Tiefen der wahren Hintergründe gehen. Die wahre Größe wird zum Ausdruck gebracht und Zusammenhänge werden beleuchtet. Je höher ein Ziel, um so größer die Anstrengungen.
Es wird deutlich, dass alle Übungen nicht leicht sein können, da die Mysterien sich selbst schützen.
Ich wünsche jedem Praktikanten Erfolg und höchsten Segen!

Anion

Das Goldene Blatt der Weisheit
oder die Beschreibung der 4. Tarotkarte
nach Franz Bardon

Vorwort:

Das Zustandekommen dieses Werkes wurde durch ein Treffen in Prag mit dem angeblichen Lieblingsschüler Bardons, Dr. Milan Kuman, angeregt. Mein Freund Anion hatte ihm als Geschenk einen schönen Füllfederhalter mitgebracht, mit der Bitte, die vierte Tarotkarte zu schreiben. Doch die Antwort kam anders, als gedacht: „Schreiben Sie sie doch selber! Dazu sind Sie doch in der Lage, oder?"

Das war für meinen Freund und Lehrer ein direkter Auftrag, den Vorschlag in die Tat umzusetzen. Dass er dazu fähig ist, beweist die Tatsache, dass nicht nur der Stil identisch ist, also hermetisch, sondern dass jeder wahre Magier von Rang im Akasha die Schriften des Meister Arion zu lesen im Stande ist! Dies belegt schon der Roman des bekannten Theosophen Dr. Franz Hartmann „Ein Abenteuer unter Rosenkreuzern", wo der Autor genau diesen Vorgang beschreibt.

Ich wünsche jedem Leser dieser Schrift viel Vergnügen und vor Allem reichlich Erkenntnis!!

Hohenstätten

Einleitung:

Das vierte Blatt im Buche der Weisheit ist die vierte Tarotkarte, die durch das Bildnis eines Weisen, mitunter auch eines Kaisers, dargestellt wird. Die Beschreibung der vierten Tarotkarte ist für den Magier, Sphärenmagier und auch für den Quabbalisten eine sehr große Hilfe, denn sie lässt ihn in die Geheimnisse der Weisheit noch tiefer eindringen und dadurch die schwersten Probleme leicht lösen. Dies nicht nur vom Standpunkt des Wissens, sondern – was viel wichtiger ist – vom Standpunkt der Erkenntnis, somit vom Standpunkt der Weisheit aus. SÄMTLICHE Fragen, die an einen Eingeweihten gestellt werden können, muss er jederzeit zu beantworten wissen. Ist er den Weg richtig gegangen, dann muss er jedes Problem, das sich ihm in Bezug auf die Universalgesetze entgegenstellt, unverzüglich zu lösen im Stande sein. Aber auch ein Theoretiker wird für die Bereicherung seiner theoretischen Kenntnisse aus diesem Buch viel schöpfen können, weil er sich viele mit den Universalgesetzen im Zusammenhang stehende Fragen, die ihm vielleicht aufkommen, selbst beantworten kann.

Die ganze Weisheit in ein einziges Buch aufzunehmen und klarzulegen, ist logischerweise nicht möglich. Immerhin ist ein Teil derselben im vorliegenden Werk enthalten. Vor allem wird der in den drei vorangehenden Werken enthaltene Lehrstoff von vielen Perspektiven aus beleuchtet, so dass jeder Praktiker, der sich in das Studium des Buchinhaltes vertieft, durch Erweiterung seines Bewusstseins und Bereicherung seines Wissens mit den Universalgesetzen und ihrem Wirken und Walten noch vertrauter werden kann. Je mehr er sich mit dem reichhaltigen Lehrstoff identifiziert, um so mächtiger wird er von der Größe und Macht dieser Gesetze ergriffen, und von einer grenzenlosen Ehrfurcht erfüllt, wird er demutsvoll zur Göttlichen Vorsehung aufblicken. In den Geheimen Propheten- und Priesterschulen aller Zeiten diente die vierte Tarotkarte, also das Buch der Weisheit, als Grundlehrstoff, der die Eingeweihten für ihr hohes Amt als Instruktoren, Initiatoren und Lehrer (Gurus) vorbereitete. Dieses Buch war somit ein Einweihungswerk, das die tiefsten Mysterien offenbarte. Für Neophyten galt das goldene Buch der Weisheit gleichzeitig als Prüfungsbuch auf ihrem geistigen Weg. Mit vollem Recht kann daher dieses vierte wissenschaftliche Werk als die Grundlage der esoterischen Hermetik betrachtet werden. Bis jetzt durften alle durch die vierte

Tarotkarte symbolisch dargestellten hohen Mysterien nur in der symbolischen Sprache weitergegeben werden, wodurch sie zumeist für den Intellektuellen unverständlich blieben. Der Leser wird es sicherlich begrüßen, dass ich mir mit der Erlaubnis der Göttlichen Vorsehung die Mühe gebe, auch das vierte Buch in die intellektuelle Sprache umzusetzen, um es nicht nur dem Eingeweihten, sondern auch den Uneingeweihten, d. h. dem Philosophen und Theoretiker verständlich zu machen. Wer dieses Buch der Weisheit vollkommen beherrscht, kennt genau die Grundlage der hermetischen Philosophie, und kann vom Standpunkt der Universalgesetze aus als hermetischer Philosoph betrachtet werden. Auch die hermetischen Bruderschaften und Orden, die das wahre hermetische Wissen lehren, werden ihn unter die Philosophen-Praktiker einreihen.

Wird das vierte Werk mit der gleichen Begeisterung aufgenommen, wie meine drei vorhergehenden Werke, so hat auch die Beschreibung der vierten Tarotkarte, die das Buch der Weisheit symbolisch darstellt, ihre Aufgabe erfüllt.

Möge daher allen Lesern und Interessenten der geistigen Wissenschaft auch dieses Buch eine unversiegbare Quelle des Wissens und der Weisheit sein. Alle begleite auf ihrem Weg zur Vollkommenheit in hohem Maße der Segen der Göttlichen Vorsehung.

Der Verfasser

Kapitel 1
HERMETISCHE RELIGIONSANSCHAUUNG

Es gibt zwei Grundarten von Religionsanschauungen. Die erste ist die RELATIVE und die zweite ist die ABSOLUTE oder UNIVERSALE Religionsanschauung. Unter die relativen Religionsanschauungen gehören alle vom Anbeginn der Menschheit bis zum heutigen Tage entstandenen Religionen, die ihr Anfangs- stadium durchmachten, ihre Blütezeit erlebten und im Laufe der Zeiten ihr Ende genommen haben. Jede relative Religion hatte ihren eigenen Gründer.

Ich sehe davon ab, alle relativen Religionssysteme hier anzuführen. Wer sich nur einigermaßen mit Religionsphilosophie beschäftigte, ist mit zahlreichen Religionssystemen relativer Art bekannt geworden. Alle unterliegen ein- und demselben Gesetz der Vergänglichkeit, ohne Rücksicht darauf, ob die Dauer des einen oder anderen Religionssystems hunderte oder tausende von Jahren zählte. Die Zeitdauer des Bestehens einer Religion richtet sich stets nach ihren Gründern und Lehrern. Je mehr universale Gesetze eine Religion beinhaltete, je mehr universale Wahrheiten sie vertrat und verkündete, um so länger war ihr Bestand. Dagegen war ihre Zeitdauer um so kürzer, je einseitiger, fanatischer, diktatorischer und autoritativer die Grundbegriffe waren.

Wohl hatte jedes Religionssystem seinen guten Zweck und seine bestimmte Mission. Immer war es ein gewisser Teilaspekt, wenn auch manchmal verhüllt, ein Stück der universalen Wahrheit und Gesetzmäßigkeit, ob nun in symbolischer Form oder in abstrakter Idee.

Ein wahrer Eingeweihter sieht in jeder relativen Religion, ganz gleich in welchem Zeitalter sie sich behauptete, in Bruchstücken einzelne Grundideen, die alle von der universalen Religion ausgehen und auf die Gesetzmäßigkeit hinweisen. Deshalb schätzt der Eingeweihte in gleichem Maße jede Religion, ohne darauf zu achten, ob sie vergangen ist, oder noch besteht oder erst in Zukunft bestehen wird, weil ihm bekannt ist, dass jedes Religionssystem jeweils solche Anhänger hat, deren Reife es erfordert.

Vom hermetischem Standpunkt aus betrachtet, ist sogar der Materialismus ein gewisses Religionssystem, dessen Vertreter zwar an einen Gott und an etwas Übernatürliches nicht glauben, wohl aber an dem festhalten, wovon sie sich überzeugen können, d. h. ihnen ist die Materie maßgebend. Da der Eingeweihte weiß, dass die Materie eine symbolische Darstellung göttlichen Erscheinen ist, die sich in den Naturgesetzen widerspiegelt, verurteilt er keinen bloß an die Materie glaubenden Menschen.

Je reifer ein Mensch im Laufe seiner Inkarnationen und Evolution geworden ist, umso näher kommt er den Universalgesetzen und dringt umso tiefer in Dieselben ein, so dass ihn dann keine relative Religionsanschauung befriedigt. Ein solcher Mensch ist für die universale Religion reif geworden und befähigt, an die universale Gesetzmäßigkeit im Mikro- und Makrokosmos heranzutreten. Demnach ist jede Religion, die die Universalgesetze nicht vollkommen vertritt, relativ und vergänglich.

Die Universalgesetze sind vom Anbeginn der Welt bis zu ihrem Ende unabänderlich. Der reife Hermetiker kann, wenn er will und es mit Rücksicht auf den Umgang mit Menschen als gut erachtet, dieser oder jener Religion offiziell angehören, um die Aufmerksamkeit Unreifer nicht auf sich zu lenken. Im Innern seines Geistes und seines ganzen Wesens wird er sich jedoch zu der universalen Religion bekennen, worunter die universale Gesetzmäßigkeit zu verstehen ist. Ein Eingeweihter glaubt nicht an etwas, wovon er sich nicht überzeugen kann, er glaubt auch nicht an irgend eine personifizierte Gottheit oder an ein Idol, sondern er verehrt das Gesetzmäßige und Harmonische in allen Daseinsformen.

Diese wenigen Worte mögen genügen, um auf den Unterschied zwischen einer relativen und einer absoluten Religionsanschauung hinzuweisen.

KAPITEL 2
MAGIE – MYSTIK

In den geheimen Priesterschulen aller Zeitalter lehrte man Magie und Mystik immer gleichzeitig und im gleichem Maße, weil diese beiden Grundbegriffe für die hermetische Wissenschaft äußerst wichtig waren und es auch weiterhin sein werden. Zur Magie rechnete man einstmals alle diejenigen Wissenschaften, die sich auf der materiellen Ebene im Laufe der Zeiten entwickelt haben und diese Ebene betrafen.

Demnach wurde alles Technische ohne Unterschied des Wissensgebietes nach Ermessen der Priesterkaste vom Meister auf den Schüler übertragen. Alle Wissenschaften, darunter die Mathematik, Chemie, Physik und Astronomie fielen in das Gebiet der Magie. Hingegen alles, was nicht substantiell war, wie z. B. Religion, Weltanschauung, Gottesbegriff, Moral,

Tugenden, Fähigkeiten, Eigenschaften aller Art, fielen dem Bereich der Mystik zu. Vom hermetischen Standpunkt aus kann also Magie von Mystik nicht getrennt werden, denn wo keine gesetzmäßige, substantielle, stoffliche Grundlage besteht, kann es weder Fähigkeiten, noch Tugenden und auch keine moralischen Ansichten geben.

Mit der Zeit und mit der Entwicklung der Menschheit hat sich die materielle Wissenschaft durch ihren Fortschritt allmählich isoliert. Sie hat sich notgedrungen selbstständig gemacht, da sich die höhere Gesetzmäßigkeit von Kraft, Stoff und Substanz, die mit den grobstofflichen Sinnen nicht mehr wahrgenommen werden konnten und zu deren Begreifen eine bestimmte Reife erforderlich war, absonderte. Demzufolge entstand erstens ein physisches Wissen, das verstandesmäßig durch die intellektuelle Ausbildung erreicht werden konnte, und zweitens ein metaphysisches Wissen, das die feineren Kräfte und Stoffe behandelte, sich jedoch mit dem bloßen Verstand nicht begreifen lässt. Dieser Umstand trug dazu bei, dass das metaphysische Wissen immer mehr in den Hintergrund trat, und schließlich nur Eigentum der wahren Eingeweihten blieb. Ein Hermetiker jedoch, der in die metaphysische Gesetzmäßigkeit einzudringen vermag, muss infolge der universalen Gesetze den logischen Zusammenhang aller bestehenden Wissensgebiete kennen.

Um eine Verwechslung zu vermeiden, gebrauche ich bei meinen weiteren Ausführungen nicht den Ausdruck Metaphysik, sondern bleibe des besseren Verständnisses wegen nach Art der früheren Hermetiker bei der Wortbezeichnung Magie. Vom hermetischen Standpunkt aus ist Magie nichts anderes als höhere Metaphysik, die Kräfte, Stoffe und Substanzen feinerer Art behandelt, jedoch mit der heutigen allgemeinen Wissenschaft ohne Unterschied des Wissenszweiges dennoch in analogen Zusammenhang steht.

Spricht also der Eingeweihte über Magie, so spricht er über Kräfte, Feinstoffe und Substanzen, ferner über die Gesetzmäßigkeit, über ihr Wirken und Walten im Mikro- und Makrokosmos, d. h. im Menschen, in der Natur und im ganzen Universum, und in den drei Aggregatzuständen des physischen Körpers, des Astral- und Mentalkörpers. Wahre Magie ist demnach die höhere Kenntnis feinerer, von der Wissenschaft bis heute noch nicht anerkannter Kräfte, weil für ihr Verstehen, Begreifen und für ihre Nutzbarmachung die bisherigen Prüfungsmethoden nicht ausreichen, obwohl die magische Gesetzmäßigkeit allen offiziellen Wissenschaften unserer Erde analog ist.

Logische Erwägungen und Schlussfolgerungen über die magische Wissenschaft und ihr Wirken und Walten lassen den wahren Hermetiker nicht nur die feinen stofflichen Kräfte erkennen, sondern sie versetzen ihn außerdem in die Lage, die Gesetzmäßigkeit dieser Kräfte mit allen offiziellen Wissenschaften unseres Planeten in Einklang zu bringen. Mit Hilfe der verschiedenen Schlüssel ist es dem Wissenschaftler sogar möglich, seine Kenntnisse in allen Wissenszweigen geltend zu machen, sie zu vertiefen und zu erweitern. Einem Erfindergeist bietet die Kenntnis wahrer Magie eine große Anzahl von Möglichkeiten, sich technisch und grobstofflich zu entfalten. Allerdings spielt hierbei die Reife jedes Menschen eine große Rolle, inwieweit er imstande ist, die Universalgesetze der Kräfte auf das Grobstoffliche zu übertragen.

Im weiteren Inhalt dieses Buches spreche ich über einzelne Analogien und feinstoffliche Kraftwirkungen, die sich durch verschiedene Manifestationen in allen drei Reichen behaupten. Mit anderen Worten ausgedrückt, beschreibe ich den praktischen Gebrauch magischer Gesetze, und an jedem Einzelnem wird es liegen, Wissen und Weisheit für seine Zwecke entsprechend auszuwerten.

Hieraus ist klar zu ersehen, dass Magie reine Metaphysik ist, die sich genau so analysieren lässt, wie jedes Wissensgebiet grobstofflicher Art, und die mit der grobstofflichen Wissenschaft in Einklang gebracht werden kann. Demnach ist Metaphysik eine Erweiterung des normalen physischen Wissens.

Es gibt keine Magie ohne Mystik, d. h. keinen Stoff ohne Einflüsse, Wirkungen und Äußerungen, da diese beiden Grundbegriffe voneinander abhängig sind. Magie lässt sich von Mystik nicht absondern, und beide müssen gleichzeitig und gleichmäßig behandelt werden. Der Hermetiker muss bei seinem Studium immer magisch-mystisch vorgehen, d. h. er muss Quantität und Qualität jederzeit berücksichtigen und muss genau zu unterscheiden verstehen, wann es sich um Quantität, Kraftstoff, Substanz, und wann es sich um Qualität, d. h. um Eigenschaften, Auswirkungen, Einflüsse und dergleichen handelt. Er darf diese beiden unterschiedlichen Begriffe niemals verwechseln, wenn er nicht chaotisch wirken will. Wohlgemerkt: Magie ist Quantität und Mystik ist Qualität!

Soweit ich in den weiteren Kapiteln über Quantitäten spreche, handelt es sich immer um Magie. Spreche ich von Einflüssen, Eigenschaften, Fähigkeiten, Tugenden usw., so geht es um die Mystik. Dies ist von Anbeginn der Welt ein Universalgesetz und wird es bis zum Ende bleiben!

KAPITEL 3
MYSTERIEN DER HERMETISCHEN ANATOMIE

Mit diesem Kapitel lenke ich die Aufmerksamkeit des Lesers von den allgemeinen Problemen der Magie und Mystik auf die okkulte Anatomie des Menschen, um sie von der magisch-mystischen Seite, die für die Einweihung am wichtigsten ist, eingehend zu betrachten. Über Magie und Mystik könnte man in Bezug auf Natur im Mineral, Pflanzen und Tierreich sehr viele umfangreiche Bücher schreiben. Die vierte Tarotkarte symbolisiert die für den Menschen in Betracht kommende Weisheit und darum ist es wichtig, dass man von magisch-mystischer Seite aus den Menschen, somit sich selbst, im Wirken und Walten, und in allen Funktionen seiner Tätigkeit genau kennenlernt. „Erkenne dich selbst!" ist ein wichtiger hermetischer Spruch, der uns dazu anspornt, in die tiefen Zusammenhänge des Menschen magisch und mystisch einzudringen. Jede Einzelheit ergibt sich dann schon von selbst aus der Erkenntnis der Funktionen und Prinzipien, die ich nachstehend beschreibe.

DER MENTAL- ODER GEISTKÖRPER

In meinem ersten Buch „Der Weg zum wahren Adepten" konnte ich den Mentalkörper bloß in groben Umrissen sowie es die erste Tarotkarte zuließ, beschreiben. In diesem Werk bereichere ich das Wissen des Praktikers insofern, als ich auf die Funktionen des Mental- oder Geistkörpers sowohl in magischer als auch in mystischer Hinsicht näher eingehe.
Der Mentalkörper besteht aus dem feinsten Stoff, der Mentalstoff genannt wird. Er ist durch das Erdelement in Folge seiner Zusammenhangskraft mit dem grobstofflichen Körper verbunden. Der Mentalkörper ist unsterblich und weder an Zeit noch an Raum gebunden. Er hat die Grundeigenschaft, sich jeder Form anzupassen, jede Form annehmen zu können. Der Mentalstoff, des öfteren auch Urstoff genannt, hat zwei Grundkräfte, das elektrische und magnetische Fluid, die beide dem Dichtigkeitsgrad des Mentalkörpers angepasst sind. Das wechselseitige Wirken des elektrischen und magnetischen Fluides im Mentalkörper nennt man das unsterbliche Leben.
Direkt im Mentalkörper befindet sich das sogenannte Ich-Bewusstsein, das eine Verbindung von Wille, Intellekt (Verstand) und Gefühl (Empfinden)

ist. Ohne eines dieser drei Grundprinzipien gäbe es kein Ich-Bewusstsein, denn gerade diese Dreiheit im Mentalkörper macht das Ich-Bewusstsein im Geist des Menschen aus. Wird von diesen drei Prinzipien das eine oder das andere ausgeschaltet, so hört das Bewusstsein auf zu funktionieren. Die Entfaltung dieser drei Grundprinzipien hängt von der allgemeinen Reife und Entwicklung ab.

In hermetischer Hinsicht muss auch hier die Quantität und die Qualität beachtet werden. Die Quantität des Willens liegt in der Willenskraft und seine Qualität beruht auf dem Inhalt des Wollens. Das gleiche Gesetz gilt auch für den Intellekt, bei dem es sich ebenfalls um eine intellektuelle Kraftseite und um eine qualitative Form handelt. Die quantitative Form des Intellekts hängt von der Ausdauer im Gebrauch sämtlicher intellektueller Fähigkeiten ab, und die qualitative Form bestimmt die Entwicklung und den Reifegrad des Geistes. Das dritte Prinzip ist das Gefühlsleben und unterliegt den selben Gesetzen, in dem die quantitative Seite die Tiefe und Intensität des Empfindens und die qualitative Seite den Inhalt des Fühlens zum Ausdruck bringt. Maßgebend ist die Stärke des Gefühls oder Empfindens, die von der jeweiligen Entwicklung des Menschen abhängt.

DAS ELEKTRISCHE UND MAGNETISCHE FLUID

Das elektrische und magnetische Fluid hat im Mentalkörper außer den angeführten Grundfunktionen auch noch andere Funktionen zu vollbringen. Und wie alles, was lebt, durch Aufnahme einer entsprechenden Nahrung erhalten werden muss, so ist dies auch beim Mentalkörper der Fall. Den Hermetiker wird möglicherweise die Frage beschäftigen, womit oder auf welche Art und Weise der Mentalkörper genährt wird.

Wie ich schon vorhin bemerkte, ist im Mentalkörper das elektromagnetische Fluid durch seine Wechselwirkung beständig in Bewegung, welcher Umstand zu einem gewissen Verbrauch beider Fluide führt.

Durch Sinneseindrücke entweder aus der mentalen, astralen oder grobstofflichen Ebene wird dieser Verbrauch wieder ausgeglichen. Werden aber die Sinne überanstrengt, so tritt eine unnatürliche Abschwächung oder Abnahme der mentalen Kraft ein, ohne Rücksicht darauf, welche Körperregion dadurch in Mitleidenschaft gezogen wird. Also nochmals sei gesagt, dass der normale Gebrauch der Sinne zwar einen gewissen Verlust des elektromagnetischen Fluids zur Folge hat, den jedoch seine induktive

Form dadurch ausgleicht, dass sie den Mentalkörper durch die Sinne wieder neuen Geiststoff aufnehmen lässt, wodurch der Mentalkörper genährt wird. Es handelt sich hier natürlich um keine spezifische Nahrung, sondern das elektromagnetische Fluid des Mentalkörpers wird durch die fünf Sinne stets neu geladen. Auch hierbei spielt die qualitative und die quantitative Seite eine große Rolle, denn durch die Sinneseindrücke wird dem Mentalkörper das Quantitative, d. h. der Kraftstoff zugeführt, der wiederum bestimmte Qualitätsformen annehmen kann. Die vom Mentalkörper durch die Sinneseindrücke aufgenommenen Qualitäten hängen in der Hauptsache vom Gedankengang des Menschen ab und außerdem von der Situation, die der Mentalkörper zu durchleben hat.

Es empfiehlt sich, über diese weitere Bereicherung des Wissens eingehend zu meditieren, weil sich dadurch dem Hermetiker viele Mysterien des Geistes offenbaren, die ich hier unmöglich alle anführen kann. Der Hermetiker muss über die Konstitution des Mentalkörpers und alle seine Funktionen genau im Bilde sein, um den Mikrokosmos analysieren, oder, um die heutige Terminologie zu gebrauchen, psychoanalytisch zerlegen zu können. Die völlige Kenntnis des Mentalkörpers ermöglicht es ihm, diese oder jene Funktion für sich entsprechend auszuwerten und durch richtig eingesetztes Training das Gleichgewicht jederzeit herzustellen. Das elektrische und magnetische Fluid im Auge behaltend, führe ich den Hermetiker weiter.

Aus der Physik ist allen bekannt, dass Elektrizität und Magnetismus nicht nur doppelpolig sind, sondern dass sie außerdem im Gebrauch konstruktiv und destruktiv wirken können. Dasselbe ist beim elektromagnetischen Fluid der Fall und geschieht nicht nur in der Natur, sondern unter der gleichen Gesetzmäßigkeit auch im Astral- und Mentalkörper. Im konstruktiven Wirken sind beide Fluide das aufbauende im Geiste, sie sind somit das Gute und Edle. Das destruktive Wirken des elektromagnetischen Fluides bezweckt wieder das Entgegengesetzte. Dem Hermetiker müssen beide Wirkungen vollends klar sein, und er muss sowohl das Konstruktive als auch das Destruktive gut durch Meditation bearbeiten, denn es ist das, was alle Religionssysteme und auch die Mystiker das Gute und das Böse im Menschen nennen. Das konstruktive und das destruktive Wirken im Mentalkörper hat noch weitere ausgiebige Bereiche, über die ich gleich anschließend sprechen werde.

Der Hermetiker widme nun seine Aufmerksamkeit dem Geist, dem Ich-Bewusstsein, das heißt der Persönlichkeit. Wiederholt sagte ich schon, dass es keine Eigenschaft ohne Kraft, und umgekehrt, keine Kraft ohne Eigenschaft geben kann. Dem Hermetiker ist bereits bekannt, das Wille, Intellekt und Gefühl im Zusammenwirken das Bewusstsein des Menschen ausmachen. Denkt er über das Bewusstsein eingehend nach, so stellt er fest, dass das, was im allgemeinen Bewusstsein genannt wird, die eigentliche Persönlichkeit im wahrsten Sinne des Wortes darstellt.

Diese Persönlichkeit lässt die Erkenntnis zu, wer wir eigentlich sind. Es wird uns ermöglicht, mit diesem Ich zu arbeiten. Der Wille ermöglicht eine Beeinflussung des elektrischen Fluides, das Gefühl des magnetischen Fluides. Wie schon bemerkt, ist durch das Arbeiten beider Fluide ein gewisser Verschleiß vorhanden. Unsere Aufgabe wird es nun sein, durch Gedanken das Willensprinzip und positiv das Gefühl, oder das magnetische Fluid zu stärken. Die anderen zwei Elemente gewinnen dann von selbst einen Kräftezuwachs! Bei all diesen Arbeiten ist darauf zu achten, dass der Qualität und der Quantität harmonische Beachtung geschenkt werden muss. Wir werden lernen müssen, uns fern von mentaler Zerstörung zu halten, weil das unweigerlich einen Kraftverlust mit sich bringen würde. Mentalisch versetzen wir uns zuerst ins Konstruktive, anschließend ins Destruktive, wobei wir unseren Mentalkörper genauestens beobachten. Die Energie dieser Grundprinzipien können uns große Kraft bringen, es kommt nur auf die Anwendung an. Wir müssen es hier zu einer Meisterschaft bringen, um zu jeder Gelegenheit das Weise zu tun. Die Gedankenwelt ist ein ALLES IN ALLEM, bei der immer die Möglichkeit entsteht, eine gute Kombination herzustellen. Bei diesen Arbeiten sind aber Konzentrationen aller vier Elemente nötig, die in der nächsten Stufe erlernt werden. Destruktive Gedanken benutzen wir, wenn etwas zerstört werden soll. Das Konstruktive bewirkt das Gegenteil.

KAPITEL 4
KONZENTRATION

Die Konzentration ist ununterbrochenes festhalten einer Idee, Gedanken oder eines Wesens. Der Schüler muss es so weit bringen, dass er mit der Idee verschmilzt, um eins mit ihr zu werden.

Ist ihm dies gelungen, so nimmt er andere Gegenstände oder Wesen. Diese Übung ist eine sehr schwierige, so dass der Praktikant oft Stunden oder

Tage damit verbringt, eine einzige Idee zu zerlegen und zu analysieren. Zu guter Letzt weiß der Schüler über sämtliche Zusammenhänge, Elementezugehörigkeiten und so weiter bis ins Detail Bescheid. Der Schüler wird bei der Konzentration stets mit dem Willen, dann mit dem Intellekt und dann mit dem Gefühl diese Konzentrationen durchführen. Der Erfolg ist ein überaus lohnendes Unterfangen.

Gemäß der vierten Tarotkarte dürfen Hinweise gegeben werden, die vorher nicht möglich waren. Bearbeiten wir ein Siegelzeichen der zweiten Tarotkarte in der eben genannten Form, so werden wir das Wesen überblicken. Bei tiefer Konzentration erscheint es vor dem geistigen Auge. Das ist der Augenblick, in dem wir mit dem Willen, Intellekt und Gefühl mit diesem Wesen verschmelzen. Das Bewusstsein ergibt sich von selbst. Nun besitzen wir die Eigenschaft dieser Intelligenz und können alles erreichen, was diesem zu Gebote steht.

Dies ist aber schon eine der höchsten Konzentrationen, die heute noch in Indien, Tibet, Nepal aber auch in China von einzelnen Weisen ihre Anwendung findet. Wir Hermetiker werden aber erst die drei Reiche der materiellen Welt durcharbeiten, wobei das Mineral-, Pflanzen- und Tierreich zu durchforschen ist. Hier werden große Geheimnisse und Mysterien zu Tage treten.

Dem Schüler sind keine Grenzen gesetzt. Er kann mit großer Freude die Natur durchforschen, je nachdem wie viel Zeit er hat! Die Erkenntnisse, die er sammeln wird, werden sich lohnen.

KAPITEL 5
MEDITATION

Die Meditation bringt uns jeder Idee von der Niedrigsten angefangen bis zur Höchsten näher. Zur Meditation gehören auch Gebete, Mantrams, Mandalas usw. Eine richtig angewandte Meditation bringt uns immer ans gewünschte Ziel, wobei die Konzentration einer Meditation voraus geht. Wir müssen es schaffen, den Körper zu vergessen und weltentrückt zu sein, damit sich nicht die kleinste Störung zeigt!

Jeder Mensch mit wenigen Ausnahmen lebt in einem Bewusstseinszustand, der ihm äußere oder innere Verwirrung bringt, ihn immer wieder in Maya gefangen hält. Die Aufgabe dieses Werkes ist es, uns

Erleuchtung und somit Weisheit zu bringen. Wir beginnen damit, die vier Eigenschaften des Menschen, also Wille, Intellekt, Gefühl und Bewusstsein durch tiefe Meditation zu fixieren. Ist dies in voller Wahrheit geschehen, wenden wir uns den vier Göttlichen Eigenschaften zu. Erst nach längerer Übung stellen wir uns diese acht Eigenschaften gemäß, jeweils eine Menschliche, dann eine Göttliche dem Element entsprechend vor. Die Buddhisten haben für jede göttliche Eigenschaft einen den Elementen entsprechenden Buddha. In Wirklichkeit sind die Übungen analog, denn jeder Buddhist versucht gemäß den Elementen einen jeden der vier Buddhas in sich zu verwirklichen.

Wir werden unserer Gottform treu bleiben und mit ihr das gleiche Ziel erreichen! Es muss nur die aufgewühlte Oberfläche des Wassers geglättet werden, dann können wir die Strukturen darunter klar und deutlich erkennen. Wir werden erkennen müssen, das jede der vier Göttlichen Eigenschaften (GRUNDEIGENSCHAFTEN) eine ganze Anzahl von Untereigenschaften besitzt, die alle Meditativ erforscht werden müssen. Ist alles richtig erfolgt, so wird der Übende die Feststellung machen, dass Alles in ein strahlendes Licht, welches ganz weiß ist, zusammenfließt und eine große Erleuchtung des Bewusstseins stattfindet, wobei Spuren der Weisheit in allen Elementen zurückbleibt. Der Schüler lasse sich aber nicht täuschen, es kann Monate oder Jahre dauern, bis so ein Reifezustand entwickelt wird. Außerdem wird er bemerkt haben, dass die meisten Übungen nur auf der Mentalebene stattgefunden haben.

KAPITEL 6
MAGISCH-MYSTISCHE FÄHIGKEITEN

Wie die Überschrift schon sagt, werden alle Fähigkeiten durch eine Technik mit dem dazugehörigen Glauben (MYSTIK) zustande gebracht. Da die Weisheit ein Aspekt des universellen Luftelementes ist, werden wir uns auch in diesem bewegen.

Die vorhergehenden Übungen haben einen scharfen Verstand und ein fotografisches Gedächtnis in uns wachgerufen. Unser Wissen wird in allen Wissenschaften sehr wendig sein und kein Problem ist vom Standpunkt der Weisheit unlösbar. Kurz gesagt, alles wird verstanden und vom Lichte der Weisheit im Detail durchleuchtet. Dies sind die materiellen Vorteile der genannten Übungen. Astral werden Fähigkeiten erreicht, die bis jetzt geheim waren, da sie ja der vierten Tarotkarte entsprechen.

Wir können an Hand der Siegelzeichen eine jede Intelligenz durch die vorhergenannte Art nicht nur erkennen, sondern direkt von ihr Besitz ergreifen. Es ist die sogenannte Resorption und könnte durchaus als Besessenheit im umgedrehten Sinne dargestellt werden. Der Vorteil ist ein überaus Großer, denn nun können wir das Gleiche vollbringen, was dem Wesen zu Gebote steht. Ist das Wesen ein Quabbalist, so können wir die kosmische Sprache sehr leicht zum Ausdruck bringen. Unser Verstand wird bei dieser Praxis die kosmische Sprache vom Standpunkt der Weisheit nach und nach begreifen. Selbstverständlich ist der Mensch für alles verantwortlich, seine Gedanken sind bei einer solchen Operation nur vom Edelsten und letztlich hinterlässt der Weise ein überaus zufriedenes Wesen, da der menschliche Geist in ihm eine Schwingung hinterlässt, welches eine Art von Freude bei ihm hervorruft.

Schwieriger wird dieser Vorgang bei verschiedenen Gottheiten. Meditation und Konzentration müssen viel tiefer sein, der erleuchtete Verstand muss sich der jeweiligen Schwingung anpassen, die Kulturen verstehen. Wollten wir so mit Maha-Laksmi verfahren, sollte unser Geist ihre Form und Eigenschaften in aller Feinheit erkennen. Gelingt es uns, so könnten wir als manifestiertes Glück gelten und auch tätig werden! Immer wird unser Geist, Astralkörper, letztlich auch der stoffliche Körper durch die vielfältigen Verbindungen selbst gewisse Eigenschaften behalten, deren Vielfalt nicht aufzulisten sind. Ein jeder wird instinktiv merken, welche Möglichkeiten sich eröffnen. Der Alchimist verbindet sich mit einem Wesen, welches auf diesem Gebiet sehr bewandert ist, der Physiker mit einem Genius der Metaphysik usw.

Allerdings sollten auch hier die Verbindungen nicht von allzu langer Dauer sein, um erstens das Wesen nicht zu lange von seiner ihm betrauten Mission abzuhalten und zweitens darf es zu keiner Abhängigkeit des Weisen kommen!

Andere Fähigkeiten sind z. B. die Erleuchtung niedrigerer Schüler der Hermetik durchzuführen, wobei die Praktik einem jeden klar sein dürfte. Die vierte Tarotkarte wird bis zum heutigen Tage, hauptsächlich in geheimen tibetanischen Klöstern, noch vor der ersten Tarotkarte praktiziert, weil sie viele Vorteile im Bezug auf das erste Blatt im Buche der Weisheit hat. Denn gerade die Meditationen und Konzentrationen lassen uns „Den Weg zum wahren Adepten" etwas leichter beschreiten. Aber die

Vollkommenheit ist mit dieser Karte nicht zu erreichen, weil sie sich stark und vollkommen an das universelle Luftprinzip lehnt.

KAPITEL 7
GEFAHREN EINSEITIGER ENTWICKLUNG

Im Werk „Der Weg zum Wahren Adepten" wurde schon mehrfach über die einseitige Entwicklung geschrieben. Der Wichtigkeit wegen schreibe ich nochmals darüber. Selbst die vierte Tarotkarte würde Einseitigkeit hervorrufen. Ich setze voraus, dass der Schüler schon kräftig durch Introspektion eine gewisse Festigkeit erreicht hat. Wäre dies nicht der Fall, könnte er ein zu großes Interesse dem vierten Buch schenken.

Auch ansonsten müssen wir immer auf das Gleichgewicht achten, denn auch wenn man dieses hohe Ziel erreicht hat, könnte es durch Schicksalsschläge, Krankheit, usw. wieder verloren gehen. Ist dies einmal geschehen, ist es äußerst schwer, das magische Gleichgewicht wieder herzustellen. Es kommt dann zu einer schlimmen Resignation, die ohne starken Grundcharakter die meisten Menschen in den grauen Alltag zurückwirft! Selbst der Sphärenmagier muss noch äußerst wachsam sein, denn hier wird mit anderen Maßstäben gemessen!

Bei einseitiger Entwicklung kommt es immer zu einem Stillstand, auch bei einem nach Heiligkeit strebenden endet bei Erreichung seines Ideals der Weg. Nur nach sehr schwierigen Bedingungen darf so ein Geist dann der Vollkommenheit zustreben. Vom Standpunkt der Weisheit muss er Großes klein machen und Kleines groß! Solche Verkörperungen sind vom Schicksal oder Karma her sehr schwer. Dem Hermetiker ist dies selbstverständlich!

Ein Ungleichgewicht verursacht auch den Abbau des elektrischen oder magnetischen Fluides. Beim Weißmagier (Heiliger) wird der positive Pol des magnetischen Fluides derart gestärkt, dass der negative Pol sehr reduziert wird. Das hat wieder Auswirkungen auf das elektrische Fluid, welches ja in Wechselwirkung steht und der Rhythmus, der das Leben an sich ausmacht, gerät im Mentalkörper durcheinander. Die Folgen sind Krankheiten, die nicht selten mit dem frühen Tod enden. Beim sogenannten Schwarzmagier ist der Vorgang der Gleiche, nur das dieser den negativen Pol des elektrischen Fluids stark ausbildet. Jeder wird feststellen, dass der

Pfad zur Linken, wie auch zur Rechten einseitig ist!

KAPITEL 8
DER HERMETISCHE WEG

Wie die Überschrift schon andeutet, werden wir im Schweigen die größte Weisheit erfahren, denn unausgesprochene Ideen sind und bleiben das Höchste, eben rein, weil sie nicht individualisiert werden. Nichts Relatives kann sie fassen, und so kann das höchste Ideal daraus werden.

Die Ausbildung zum Adepten wird nur über den goldenen Weg der Mitte stattfinden, wobei das Geheimnis der Introspektion ganz auf die universalen Gesetze eingerichtet werden muss!

Der Weg zur Vollkommenheit kann nur von dem Menschen betreten werden, den die Vorsehung einen Keim ins Akasha gelegt hat. Und dieses Geschenk muss man sich in vielen Verkörperungen verdient haben. Im Menschen wird dadurch eine Sehnsucht nach Weiterentwicklung wach. Er fängt an zu suchen, bis er einen Weg, der seinen Idealen entspricht, gefunden hat. Sein Entwicklungsgrad wird dann dafür sorgen, wie weit er es bringt. Oft denken wir, dass wir dies oder jenes nicht schaffen können. Dies ist aber schon eine Art Unglaube, der gewaltig bremst, wobei Gottvertrauen ein jeder Hermetiker in sich haben muss. Denn wie schon bemerkt, gehört zu jeder Quantität eine Qualität. Würde ein Ungleichgewicht entstehen, dann könnte die Lust zum Praktizieren verloren gehen, selbst der Keim der Vorsehung müsste vertrocknen. Solche Menschen werden dann zu den größten Gegnern der Hermetik. Einst sagte Christus: „Wer nicht für mich ist, der ist gegen mich." Er bemerkte dies im Sinne der Hermetik! Im Buch „Der Weg zum wahren Adepten" wird dies sehr deutlich beschrieben, wobei die Worte Wissen, Wagen, Wollen und Schweigen als universeller Schlüssel gelten.

Einseitigkeiten jeder Art müssen auf allen Ebenen vermieden werden, das ist die schnellste, aber auch schwierigste Art sich zu einem Gottmenschen machen zu können. Der hermetische Weg wird durch die 78 Tarotkarten symbolisch aufgezeigt. Derjenige, der eine solche Größe erreicht hat, wird sich nicht mehr verkörpern, sondern wird makrokosmisch als individueller Gott arbeiten. Entsprechend der Evolution wird er dem Akasha folgend nicht nur ganze Planeten, sondern ganze Kosmen mit all ihren Gesetzen

schaffen. Solche Größen sind absolut unerklärlich, wie Akasha selbst.
So weit führt der Weg und noch weiter. Gemäß der vierten Tarotkarte darf ich aber nicht mehr sagen. Es würde sich ohnehin viel zu fantastisch anhören. Der Weg endet also nie, und jeder wird verstehen, warum jede Karte aus dem Buch des Hermes sehr schwierig ist. Akasha selbst prüft seine Kinder und das, was die Vorsehung uns als Schwierigkeiten in den Weg legt, ist eine sehr gute Erziehung. Ohne persönlichen Gott könnten wir nie der Vorsehung gerecht werden. Deswegen ist schon in der ersten Tarotkarte diese Entwicklung nötig. Manche Prüfungen der Göttlichen Vorsehung sind nur mit Hilfe des persönlichen Gottes zu lösen. Das gleiche Gesetz gilt selbst für den Quabbalisten, denn dieser wird durch die Buchstabenmystik die Verschmelzung des persönlichen mit dem makrokosmischen Gott unter starker Einbeziehung des Akashaprinzipes zustande bringen. Dies ist überhaupt nötig, um sich weiter zu vervollkommnen. Jeder Buchstabe des Einserschlüssels ist in das Akasha zu versetzten, was zur Folge hat, der Vorsehung in ihren Gesetzen nahe zu kommen. Deswegen ist gerade der Einserschlüssel für den Quabbalisten der Wichtigste. Die anderen Buchstabenformeln sind dazu gedacht, der Menschheit hilfreich unter die Arme zu greifen, oder sonstige schwierige Missionen erfolgreich zu erfüllen. Der hermetische Weg ist ein Weg, den die Göttliche Vorsehung aus Liebe zum Menschen geschaffen hat. Diese Entwicklung ist also Gesetz und wir sollten uns dessen immer bewusst sein.

KAPITEL 9
UNIVERSALGESETZE – HARMONIE

„Das was oben ist, ist auch das, was unten ist!" ist das erste Gesetz für den Hermetiker. So wie der Mensch Wille, Intellekt, Gefühl und Bewusstsein hat, so ist es auch beim Makrokosmos der Fall! Ein Mensch, der universelle Gesetze verletzt, trifft das makrokosmische Gefühl, welches im Akasha reagiert. Die Ursachenwelt wird diese Ursache, wenn die Zeit reif ist, den Menschen direkt dort treffen, wo er disharmonisch gewirkt hat.
Einige werden nun fragen, was die Universalgesetze seien. Es sind Gesetze, die Akasha vor Ewigkeiten geschaffen hat, die heute noch Gültigkeit haben und ewig fortbestehen. Diese Gesetze erfüllen sich in der gesamten Natur, nicht nur materiell, sondern auch astralisch und mentalisch. So ist ja auch

der Seelenspiegel aufgebaut. Rubrik eins ist mental ausgerichtet und beinhaltet die Eigenschaften, die nicht so häufig vorkommen, sich also kaum materialisiert haben. Das mittlere Feld, Rubrik zwei, ist an die Astralsphäre angelehnt. Rubrik drei, das Untere ist wo die Eigenschaften sehr hartnäckig sind und sich auf die stoffliche Ebene beziehen. Die Eigenschaften sind hier so dicht, dass direkt eine Erkrankung des Körpers möglich ist.

Die richtige Bearbeitung der Eigenschaften führt zu einer Harmonisierung. Hier erkennen wir die Universalgesetze, denn jede Harmonisierung ist der Beweis für die Anwendung eines Universalgesetzes. Außerdem ist die Natur ein großer Lehrmeister für alle Universalgesetze, denn so hart und grausam sie auch scheint, letztlich findet immer ein Ausgleich der Kräfte statt und am Ende steht die Harmonie. Kurz gesagt, der Eingeweihte hat immer die Aufgabe das Gleichgewicht zu schaffen, wo es gestört wurde. All seine Unternehmungen sind darauf ausgerichtet, weil er innerlich spürt, dass die Harmonie ein Zustand ist, in dem es sich leichter und besser leben lässt. Er wird zum Vertreter der Vorsehung selbst, wobei sehr viel Karma gelöscht wird.

Die Harmonie wird erst durch die Disharmonie möglich. Man könnte also sagen, es sind beides Gesetze, die ins Gleichgewicht gebracht werden müssen. Unvollkommenheit lässt erst Vollkommenheit zu. Das Geheimnis dieser Doppelpoligkeit ist es, die Qualität der unharmonischen Seite zu reduzieren, oder, es ist von Fall zu Fall anders, die Qualität ganz zu beseitigen. Wenn wir uns den Mentalkörper tetragrammatonisch anschauen, so steht das Prinzip Feuer nicht in Opposition mit dem Wasserprinzip, das Luftprinzip nicht gegensätzlich zum Erdprinzip. Erst dadurch wird der Mental- körper unsterblich. Kurz gesagt, wir können mentalisch gegen jede Opposition etwas tun, da der Geist durch seine Andersartigkeit in Bezug auf Gegensätzliches hervorragend wirken kann. Dass das nicht nur mit einem „erwecktem" Geist möglich ist, dürfte jedermann klar sein

KAPITEL 10
DER SCHLÜSSEL ZUR HÖCHSTEN WEISHEIT

Wissen zu vermitteln ist schon schwer, und es ist viel schwerer etwas Weises zu Papier zu bringen. Weisheit steht immer mit den universalen

Gesetzen im Einklang. Weise ist nur eine Sache, die mental, astral und stofflich genauestens abgestimmt ist. Nur über diese drei Ebenen ist Weisheit überhaupt zu erkennen. Den Schlüssel zur universellen Weisheit kann ich wohl geben, die Anwendung derselben hängt von der Reife des jeweiligen Schülers ab. Wie bei jedem Problem, ist der tetragrammatonische Schlüssel der Richtige! Der Mensch ist aus dem sogenannten Urgeiststoff entstanden. Dieser ist im ganzen Kosmos vorhanden, an der Stelle, wo Akasha im Mentalreich die feinsten Elemente erzeugt.

Das ist natürlich nicht räumlich zu sehen, wie alles was folgt. An dieser Schnittstelle sind jeweils vier Wesen vorhanden, die in ihrer Art schwer erklärbar sind. Denn die eine Erscheinungsform entspricht immer dem zugeordneten Element und die andere Seite ist Akasha. Es sind die Schöpfer des jeweiligen Elements. Im Mittelpunkt dieser vier Wesen ist ein fünftes Wesen, welches am schwersten zu erreichen ist, denn es handelt sich um eine Darstellungsform des Akashaprinzipes. Im Prinzip sind diese fünf Wesen die Schöpfer von Mikro- und Makrokosmos, wobei das mittlere Wesen, eine Verkörperung Akashas, die ersten schöpfer- ischen Worte sprach und wobei die vier Wesen mit einstimmten. Das ist die Schöpfungsgeschichte, die der Hermetik am nächsten kommt. Diese Wesen sind nicht an Sphären gebunden. Die vier Wesen, die den Elementen analog sind, waren hochentwickelte Menschen, die zu Göttern wurden und das fünfte Wesen kann nicht beschrieben werden. Aber der Weg zu ihnen ist der Schlüssel zur Weisheit. Nur die Reinigung des Geistes lässt eine Annäherung zu.

Wohl dem, der diese Tiefe erreicht, denn hier sind alle Gedanken rein und weise. Es ist die höchste Ausschüttung der unpersonifizierten göttlichen Vorsehung, die in ihrem Handeln unerforschlich ist. Jedes Erforschen der Vorsehung ist zwecklos und anmaßend! Es ist jedoch eine Annäherung zu den fünf Wesenheiten möglich. Wollen wir analog der Weisheit arbeiten, so werden wir den Weg des Intellekts gehen. Wir stellen uns ganz auf die Meditation ein, dass wir uns in einem unendlichen „Raum" befinden, der in blauer Farbe schwingt und uns durch seine Leichtigkeit langsam erhebt. Wir werden die Feststellung machen, dass die Farbe immer transparenter wird. Die Leichtigkeit wird so stark, dass wir darum kämpfen müssen, das Bewusstsein nicht zu verlieren. Zuletzt wird das Blau kaum noch sichtbar sein. Ein wundervolles Wesen voller Freundlichkeit wird sich zeigen. Es sitzt auf einer Lotosblume, dem Symbol der absoluten Reinheit. Wir stehen vor der verkörperten Weisheit Gottes. Hier hört alles auf zu existieren und nichts hat Bestand, was relativ ist, ein unendlich sprudelnder Brunnen, jeder Tropfen eine Perle der Weisheit. Dies ist die eine Seite des Wesens, die andere, ruhende Seite im Akasha, könnte Auskünfte über Weisheiten geben, die, Ausnahme der Brüder des Lichtes und einigen anderen hochentwickelten Wesen, dem Menschen wegen ihrer Abstraktheit kaum verständlich sein dürften. Die Frage ist, welche Bedeutung diese fünf Wesenheiten haben? Die vierte Tarotkarte erlaubt zu sagen, dass diese Wesen die makrokosmische Gottverbundenheit bedeuten. Der nicht materialisierte Anteil dieser Wesen, also Akasha, wird in der Magie als Metatron bezeichnet, was nichts anderes bedeutet als der Vermittler zur unpersonifizierten Gottheit. Er ist Herrscher der Sonnensphäre, und da die Sonne der Mittelpunkt unseres Makrokosmos ist, wird durch sie das Akasha symbolisch dargestellt. Dies ist auch der Grund, warum der Sphärenmagier gerade in der Sonnensphäre die höchste Gottverbundenheit erreicht.

Kosmisch gesehen, hält die Sonne ja auch alles im Gleichgewicht, wie Umlaufbahnen der Planeten, die Temperatur. Ja, man kann behaupten, dass von der Sonne alles in Harmonie gehalten wird!

Außerdem hat gerade die Sonne über unseren Makrokosmos hinaus, eine enge Verbindung zu anderen Makrokosmen. Mehr gestattet die vierte Tarotkarte nicht zu sagen, was die Sonnensphäre betrifft, denn gerade in der Astralebene der Sonne finden wir sehr außergewöhnliche Begebenheiten. Welche Bedeutung Metatron hat, würde wieder viele Bücher füllen, außerdem ist es hier nicht erlaubt, alles zu sagen.

Die Worte des Meisters der Liebe: „Nur über mich gelangt ihr zu meinem Vater!" bedeutet, dass erst die persönliche Gottheit zur Unpersönlichen führt. Diese Tarotkarte lässt die Verbindung mit einem Teil Metatrons zu, nämlich die Weisheit. Keiner darf es wagen, die anderen Aspekte dieser höchsten Intelligenz anzusprechen, es sei denn, man hat die zweite Tarotkarte bis zur Sonnenebene absolviert.

Die angegebene Übung führt nicht in die Sonnenebene, sondern lässt uns mit Hilfe des Luftelementes den Teilaspekt dieser großen Wesenheit in der Mentalebene finden. Von daher ist die Verbindung eine Ungefährliche. Im Gegenteil, die Früchte der Weisheit sind überaus befriedigend, und die Seite des Intellekts wird erleuchtet.

Es besteht noch eine andere geheime Möglichkeit mit dem Vermittler in Kontakt zu treten. Diese Möglichkeit ist eine überaus schwere und langwierige Übung. Sie ist nur in Form der Gottverbundenheit möglich, in der alle vier Grundeigenschaften des persönlichen Gottes zu einer Grundidee werden. Da die Gedankenwelt ein Alles in Allem ist, wird man durch bestimmte Meditationen und Übungen, die teilweise sehr abstrakt sind und mitunter anscheinend den Gesetzen widersprechend, zur Gottverbundenheit geführt. Diese Methoden sind wie folgt: Man nähert sich den vier Wesenheiten ähnlich dem Wesen der Weisheit. Wohlbemerkt nur in Gottverbundenheit, weil dieses Unterfangen sonst scheitern und man nur eine große Enttäuschung erleben würde.

Wie der Mensch sich in ein Elementewesen verwandeln kann, so kann der Mensch Metatron in seinen fünf Aspekten ansprechen. In der Realität ist er „nur" ein Wesen, welches ich gar nicht erst zu beschreiben versuche. Vom Standpunkt der vierten Tarotkarte ist diese direkte Verbindung nicht möglich. Wir holen die Erkenntnis tetragrammatonisch und nähern uns auf diese angegebene Art.

Als nächstes empfehlenswertes Element wäre das Wasserelement zu erwähnen. Gelangt man zu der Stelle in der feinsten Wasserschwingung, so wird die kosmische Liebe fühlbar, die das Leben mit allen Eigenschaften ermöglicht und so erscheint das Wesen auch. Es hält einen Becher in der Hand, der mit göttlicher Gnade gefüllt ist.

Das Seltsame an diesem Wesen ist, wenn man es überhaupt so nennen kann, dass es in grenzenlosem Licht strahlt! Diese Erkenntnis dürfte für den Hermetiker neu sein, weil das Wasserelement laut Schöpfung die Dunkelheit also Passivität darstellt.

Dieses Licht stammt von seiner Sonne, die im Akasha leuchtet und im Zusammenhang mit der Vorsehung selbst die Dunkelheit erhellt. Wohl bemerkt: Entfernt man sich, so nimmt das Wasserelement seine Eigenschaften, wie wir sie kennen, wieder an. Unter uns Eingeweihten besteht das Wissen, dass dieses Wesen vor Urzeiten 48 Gelübde ablegte, die es verpflichteten, den Weg der Erlösung zu zeigen. Zu dieser Zeit war unsere materielle Welt noch gar nicht geschaffen! Mehr darf ich nicht über seine Eigenschaften schreiben, weil sie individuell aufgefasst werden könnten. Ich werde auch die Namen dieser Gottheiten nicht nennen, um zu vermeiden, dass sie in den Schmutz gezogen werden. Der Praktiker erfährt jedes Geheimnis, ihm ist es dann unmöglich, nachteilige Gedanken zu haben.

Man wird von ihm mit dem Handritual der Meditation begrüßt. Ein Adept, der die makrokosmischen Grundeigenschaften erkennt, kann nicht mehr irren, denn die beiden Ideen der nun bekannten Wesen bringen Liebe und Weisheit, deren Kombination ich nicht erst beschreiben muss bzw. brauche. Die Schwingung der Liebe ist um einiges gewaltiger, als z. B. in der Venusebene und bringt die Erkenntnis, dass die Liebe Gottes um einiges höher steht, als die erotischen Schwingungen der Venusebene.

Es folgt die Beschreibung des Urfeuerelementes. Die technische Seite der Annäherung dürfte inzwischen klar sein. Die Eingeweihten nennen ihn „Der im Juwel Geborene", was bedeutet, dass er als Erstes sich dem materialisierten Akasha hinzugesellte, beziehungsweise hervorgerufen wurde. Zu ihm gehört wohl das bekannteste Mantram: „Om mani padme hum", welches eine Verehrungsformel ist und übersetzt bedeutet: Akasha im Juwel! Bei der ersten Begegnung bekommt man seine ganze Wucht des Schöpferwillens und Allmacht zu spüren, obgleich diese Gottheit eben auch der Vorsehung angepasst und sehr liebevoll ist.

Die Begrüßung gegenüber dem Adepten ist das Handritual der „Wunschgewährung", wobei eine Erleuchtung des Willens stattfindet, die nahe des Akashas zur Ekstase der Allmacht wird.

Für diese Zeit sieht man den Schöpfungswillen des manifestieren Akashas, welches die tiefste Spur der Verehrung der göttlichen Vorsehung hinterlässt. Diese Worte sind abstrakt zu sehen, weil kein Mensch fähig wäre zu begreifen, was wirklich geschieht. Meditieren Sie einmal über den Begriff: „Unendliche Schöpfung". So könnten Sie sich vielleicht ein kleines Abbild dieses Wesens machen.

Die vierte Gottheit ist nun analog dem Erdelement. Abstrakt gesehen ist es das „Unermessliche Geben". Das Wesen hält gleichfalls einen Becher in der Hand, welcher ewiges Leben beinhaltet. Man wird von ihm mit dem Ritual der „Furchtlosigkeit" und „Schutzgewährung" empfangen, laut Gesetzmäßigkeit beinhaltet er in gebundener Form die Eigenschaften der zuvor genannten Gottheiten. Dieses Wesen strahlt die Kraft der Vollendung aus. Das bedeutet die Vollendung der gesamten Schöpfung in sehr abstrakter Form, denn die Vollendung dauert ja ewig. Von daher ist dieses Wesen unergründlich tief und der Adept gerät auch hier in die Ekstase der Unendlichkeit. Ich versuche erst gar nicht näher auf dieses Sein einzugehen, denn dies ist der Zustand des Nirvana, was nicht bedeutet sich aufzulösen, vielmehr hat es die Bedeutung eben in dem genanntem Zustand zu verbleiben. Alle anderen Bedeutungen dieses Wortes sind verfälscht wiedergegeben. Auf jeden Fall ist Nirvana ein Zustand in der Mentalebene. Es gibt noch ein Para-Nirvana, welches aber nicht zur vierten Tarotkarte gehört.

Die tiefste Erfahrung macht der Adept wohl mit dem mittleren Wesen und wollte ich alles beschreiben, dürfte ich nie zum Ende kommen. Es ist das Spektrum aller vorher genannten Gottheiten und ist das manifestierte Akasha, welches als goldenes Wesen in Erscheinung tritt. Es kann nicht verstanden werden, sondern der vollkommene Mensch muss es erleben. Man bedenke, dass die Rückseite die unerforschliche göttliche Vorsehung ist.

Während der Verbindung entsteht ein Zustand, der alle vier Gottheiten zu einer werden lässt, wobei sich noch die Schwingung dieser Sonne um ein Vielfaches vermehrt. Die persönliche Gottheit trifft auf seinen Schöpfer, der nun in diesem Zusammensein sich seinem „Kind" in der Weise offenbart, dass der persönliche Gott all die Eigenschaften in sich aufnehmen darf. Die Worte: „Wer meinem Vater um Brot bittet, dem wird er keinen Stein reichen!" bestätigt das oben Geschriebene. Ein solcher ehemaliger Mensch hat dann alles, was die Vorsehung hat. Er unterwirft sich in Allem, und darf darum alles tun.

ANMERKUNG ZUM 10. KAPITEL

Die soeben genannten Ausführungen sind in letzter Konsequenz natürlich nicht mehr einseitig, und es ist nur logisch, dass die Weisheit ihren Pfad verlässt, weil die Erkenntnis eben in ihr wächst, dass es mehr gibt. Immerhin ist die Praxis nur in der Gottverbundenheit durchführbar. Dies setzt voraus, dass die erste Tarotkarte beherrscht wird. Würde man es schaffen, diese Annäherung mit dem normalen Bewusstsein zu vollziehen, würde die gesamte Kraft der Schöpfung auf den Menschen treffen, was die sofortige Vernichtung des Geistes zur Folge haben würde. Glücklicherweise schützen sich die Mysterien selbst und somit den unreifen Menschen.

Zum ersten Mal seit Bestehen der Menschheit erreicht dieses Wissen die Erde und auch der Theoretiker wird sich über gewaltige Entwicklungsmaßstäbe wundern. In geheimen Mysterienschulen wurde diese Tarotkarte von hohen Eingeweihten nur besonders begabten Schülern vermittelt. Wer diesen Weg gegangen ist, der wird in kürzester Zeit eine solche Begabung haben und alle anderen Blätter der Weisheit, die 78 Tarotkarten, in kürzester Zeit erlernen, denn einem zu Gott gewordenen ist nichts zu schwer oder geheim.

Schlusswort:

Es ist mir eine besondere Freude, auch die vierte Tarotkarte dem Interessenten und Praktikanten darzulegen. In unverschlüsselter Form lege ich sie in die Hände der hermetischen Schüler.
Sie stellt die qualitative Form der Magie dar und dürfte selbst dem Theoretiker in seiner Philosophie in Erstaunen versetzen. Es war nicht einfach, die Symbolform der Weisheit für jedermann begreiflich niederzuschreiben. Insbesondere dort, wo sehr abstrakte Ideen vorherrschen, ist es nicht einfach, immer schlichte Worte zu finden.
Wie die drei anderen Werke, wird das Verständnis von der Reife des Schülers abhängen. Die tiefe Form dessen, was der Magier mit dieser Tarotkarte erleben kann, lässt sich nicht beschreiben, weil einerseits die Worte in unserer irdischen Sprache fehlen, und andererseits gibt es Dinge, die erlebt werden müssen. Immerhin offenbart sich die makrokosmische Gottheit. Im vorderen Teil ist sie von höchsten Eingeweihten verständlich, weil es offenbartes Akasha ist. Die Rückseite ist ausschließlich abstrakt und nur Eingeweihte höchsten Ranges können dann einiges erkennen.
Jedoch verläuft das Dasein Metatrons immer tiefer in die unpersonifizierte Gottheit und somit in die göttliche Vorsehung, die nicht erforschbar ist. Metatron ist schon an sich unbeschreiblich und alle Wesen des Makrokosmos sind von Ihm abhängig. So wie unsere Sonne in engem Kontakt zu anderen Sonnen steht, so verhält es sich auch mit Metatron, seine Raum und Zeitlosigkeit lässt ihn überall, in jeder Sonne, sei sie stofflich auch noch so weit entfernt, in gleicher Art erscheinen. Denn dort wo Akasha ist, dort herrscht dieser Gott, der personifiziert und gleichzeitig unpersonifiziert ist. Ich denke, dass damit die Demut und Anlehnung der höchsten Eingeweihten hiermit durchaus erklärlich wird. Dem Schüler wünsche ich den Segen der Vorsehung, die einem jeden Menschen das geben mag, was sie sich von ganzem Herzen wünscht.

Anion

51

Die Alchemie – Die Mysterien des Steins der Weisen oder die Beschreibung der 5. Tarotkarte des Franz Bardon

Einleitung

Es wird sich beim Lesen des Buchtitels die Frage stellen, warum dasselbe Buch nicht von dem bekannten Magier und Schriftsteller Franz Bardon geschrieben wurde, sondern von dem unbekannten Anion. Zur ersten Frage muss ich einen Brief seiner Sekretärin und Schülerin Otti Votavova an Herrn Tschudi zitieren, in dem Folgendes steht: „Ein viertes wissenschaftliches Werk, benannt „Das goldene Buch der Weisheit" hatte Franz Bardon schon eindiktiert, doch es wurde bei ihm und bei mir beschlagnahmt und vernichtet. Diese Art der Literatur ist nämlich in unserem Lande unerwünscht. Dass wir beide bei der Beschlagnahme alle anderen Werke und Bücher einbüßten, muss nicht erst betont werden. Außer dem vierten wissenschaftlichen Werk, wollte Franz Bardon noch die fünfte Tarotkarte für fortgeschrittene Schüler beschreiben und öffentlich herausbringen, ferner noch andere Lehrbücher über Heilmethoden usw. ausarbeiten. Sein für uns alle unerwarteter Abgang hinderte ihn allerdings daran."

Die zweite Frage ist schon etwas komplizierter zu beantworten. Als mein Freund Anion das Buch „Des Hermes Trismegistos wahrer alter Naturweg" las, fiel ihm auf, dass diese alchemistische Schrift nicht nur schwer verständlich, sondern auch absichtlich fehlerhaft geschrieben ist, sodass wirklich nur ein wahrer Magier damit praktisch arbeiten kann. Da diese hier auf Erden rar gesät sind, regte ihn das zum Denken an, und da sich bei einem Magier alles verwirklicht, was er sich vorstellt, bekam er in einer Vision vom Meister Arion den direkten Auftrag, die Vorderseite der fünften Tarotkarte zu schreiben.

Das alles hört sich zu phantastisch an, als dass es wahr sein kann. Doch es entspricht der Wahrheit, was diese Schrift, durch ihren bis jetzt noch nie veröffentlichten Inhalt bezeugen wird und ebenfalls noch weitere Bücher, die in Zusammenhang mit Meister Arion stehen.

Ich wünsche jedem Leser dieses wunderbaren Werkes nicht nur viel Vergnügen, sondern vor allem reichliche Erkenntnis.

Hohenstätten

Vorwort

Mein Bestreben im Buchhandel ein gutes Buch zur Alchemie zu bekommen, war bisher sehr unbefriedigend. In den meisten Schriften konnte man chemische Abläufe finden, die natürlich mit Alchemie nichts zu tun haben. So sind alle die sich heute über das große Werk kundtun nur mittlere oder schlechte, ganz normale Chemiker, weil keiner den Geist begreift, der unbedingt dazu gehört, den Paracelsus in seinen „Magischen Unterweisungen" anwandte. Immerhin handelt es sich um das fünfte große Arkanum des großen Hermes.

Alle die diese Zeilen lesen, müssen von dem Universalgesetz wissen, dass jedes Gesetz Qualitativ und Quantitativ zu betrachten ist. Die Qualität ging leider verloren und somit der Schlüssel der gesamten fünften Tarotkarte.

Mein Bestreben wird es sein, zumindest die einfachen Abläufe zu erklären, denn was die so genannten „chemischen Meister" niedergeschrieben haben, haben sie durch eine absichtliche Verstümmelung des Weges unleserlich gemacht. Ihre Strafe wird sich in großer Enttäuschung kundtun.

Was nun diese Schrift für karmische Ursachen hat, möchte doch im Dunklen bleiben. Viele geistige Wesen rieten mir ab, dieses Büchlein zu schreiben, mit der Begründung das die Zeit nicht reif wäre. Aber schließlich wollte mein großer Meister Bardon dies schon schreiben, ich als sein geringster Schüler werde es nachholen.

Die alten Herrn Alchimisten werden streitsüchtig dieses Werk verneinen, um es dann heimlich zu ihrem Lehrbuch zu machen. Denn Universelles ist unumstößlich, niemand wird imstande sein, auch nur den kleinsten Fehler zu finden! Ich wünsche jedem viel Erfolg nebst Intuition, die man in großen Maßen braucht.

Anion

Die 5. Tarotkarte des großen Arion

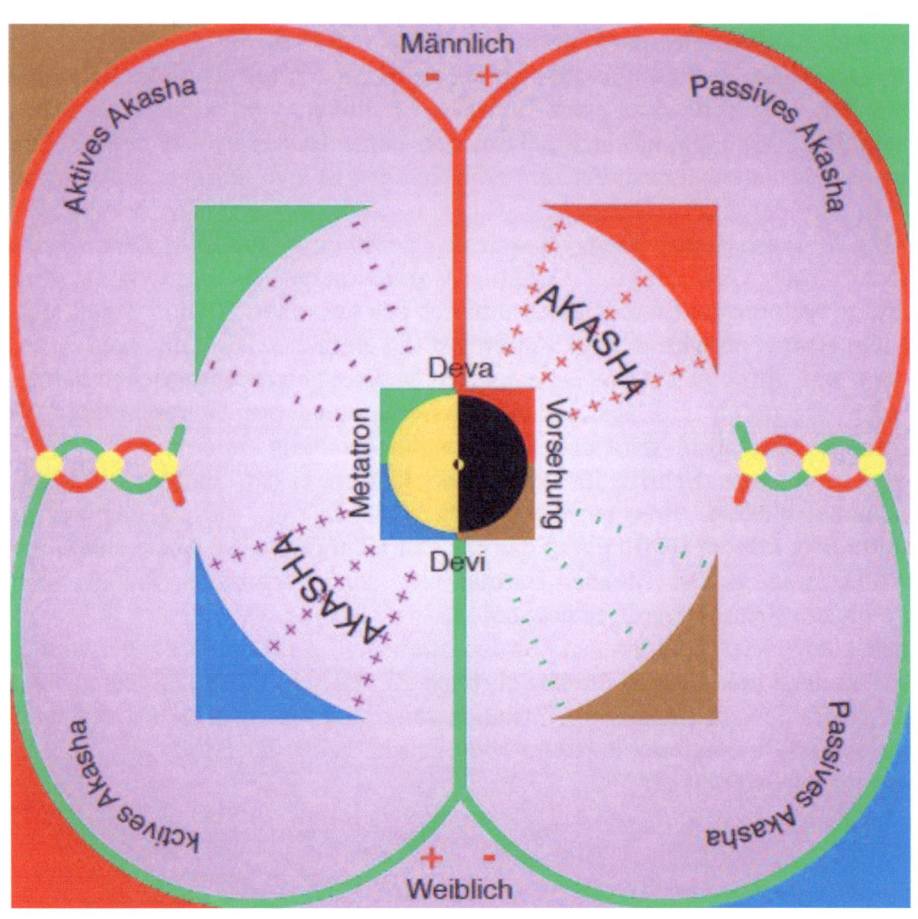

Erklärung der Symbolik der 5. Tarotkarte

Im mittleren Kreis sehen wir das helle (Sonne) und das dunkle Akasha, die unergründliche Vorsehung. Beide sind miteinander gleichzeitig getrennt und verbunden an der mittleren Linie; deshalb der jeweilige halbe Punkt im Hellen und im Dunklen, die wiederum einen kleinen Kreis bilden! Er muss im Hellen dunkel erscheinen, im Dunklen hell. Das ist aber nur eine Täuschung, weil das Akasha weder hell noch dunkel ist!

Von dem Akasha gehen die Urelemente aus, in der unmanifestierten Allmacht, All-Liebe, Allweisheit und unmanifestierter Allgegenwart, personifiziert durch die Dhyani-Buddhas. Das Unmanifestierte in allen Elementen ist immer das Übergeordnete.

Aus diesen Elementen gehen Fluidstrahlungen aus, welche den Rhythmus – Rit – andeuten, die sich als mentale Elemente manifestieren. Nun haben wir erst die Mentalebene und den Mentalkörper. Deswegen werden beim Magnus Elemente und Urelemente unterschieden!

Wir sehen von den Mentalelementen das elektrische und magnetische Fluid ausgehen, nebst wieder den astralen Elementen. Hier sehen wir dann das Männliche und Weibliche! Jeweils an den Fluidkreuzungen erkennen wir das erste Mal ein lebendiges Wesen. Man sieht klar das Tetragrammaton, wobei immer im Männlichen das Weibliche ist, oder umgedreht.

In den äußersten vier Ecken deute ich noch die astralen Elemente an! Die Kreuzungspunkte der Fluide bestehen aus kosmischer Lebenskraft, sie verwirklichen den Schöpfungsakt, da sie direkt aus Akasha hervorgehen und dem Geist die Elemente realisieren. Man erkennt klar die Parallelen zur dritten Tarot-Karte von Franz Bardon.

THEORIE:

Die Alchemie ist so alt wie die Menschheit. Sie ist eine besondere Variante der Magie, weil gesetzmäßigen Abläufen gemäß, der Alchimist auch Magier sein muss. Chemie ist das Wissen über die Natur, Alchemie ist die Weisheit der Natur, beides muss im Einklang stehen, um wirkliche Erfolge zu haben. Auch hier arbeiten wir tetragrammatonisch in allen Ebenen, weil die vier Elemente ja die Natur in Vollkommenheit darstellt. Sollte sich nun ein Schüler der Magie auf dieses dünne Eis wagen, könnte ihm nichts gelingen. Der „Rote Löwe" könnte nur so vollkommen sein, wie sein Schöpfer. Da jedoch dieser Stein in seiner Qualität ausnahmslos immer gleich ist, denn die Prima Materia ist der höchstmögliche Ausdruck der Materie selbst, so muss sein Schöpfer stets edel, gläubig, rein und sehr ausgeglichen sein. Wer glaubt, dass Alchemie ausschließlich in Reagenzgläsern stattfindet, ist im großem Irrtum. Der hohe Eingeweihte greift in die Luft und hat IHN schon. Da wir nun noch nicht so weit sind, schreibe ich dieses Buch. Die alles lautende Frage ist: Wie verändere ich die Materie? Die Antwort ist ein Geheimnis welches ich nachfolgend zu Papier bringe. Ich benutze den „feuchten Weg", weil dieser die einfache Art ist! Will man Neues entstehen lassen, so muss Altes sterben. Dies ist das erste Gesetz für den Schüler. Zunächst werden die Gesetze der Neuwerdung beschrieben, ohne das geschwollene Getue der Möchtegern-Alchimisten. Es ist eine verloren gegangene Kunst, weil sie letztlich nur egoistische Grundlagen hatte, wie die Herstellung von Gold, Verlängerung des Lebens usw.! Nur wenige Eingeweihte hüten die Geheimnisse. Auch dieses Werk wird solchen Menschen geheim bleiben. Die sieben Grundgesetze des feuchten Weges sind folgende:

1. Auflösung – Solutio
2. Gärung – Fermentatio
3. Verwesung, Fäulnis – Putrefactio
4. Gerinnen – Cogulatio
5. Festigung – Fixation
6. Versteinerung – Lapidification
7. Trennung – Segeratio

Jedes dieser Gesetze bedeutet eine Grundidee, welche ein Arbeitsgang von teilweise vielen Wochen ist. Immer muss unser Geist durch Bewusstseinsversetzung in die Substanz für die nötige Lebenskraft sorgen.

Da unsere Lebenskraft animalisch ist, müssen wir die Universalkraft direkt aus Akasha benutzen.

1. Die Auflösung

Wie schon bemerkt, muss Altes zerstört werden, um etwas Neues zu bekommen. So wie beim Menschen, der nach gewisser Zeit einen neuen, frischen Körper bekommt. Für den Magier bedeutet dies die Abtötung der überflüssigen Eigenschaften, um sich letztlich selbst zu reinigen und das Magische Gleichgewicht herzustellen. Es ist wirklich eine Auflösung des alten Menschen!

2. Die Gärung

Durch die Zersetzung entsteht Wärme (Feuer) und dadurch die Kälte (Wasser), dem Gegensätzlichen beginnt es zu köcheln! Wir dürfen es nicht von außen durch Feuer beeinflussen, weil wir den natürlichen Hergang stören würden! Auch äußere Kälte würde die Gärung zum Stillstand bringen. So auch beim Menschen, der im Kampf des Lebens Veränderungen durchmacht; auch er ist in der Gärung. Ein schlimmer Zustand, nicht der höchste Eingeweihte darf den Charakter von außen beeinflussen, weil die Gärung gestört würde, wie oben beschrieben. „Von außen kein Feuer und kein Wasser", weil dann der Athanor nicht gedeihen kann!

3. Die Verwesung

In der Verwesung ist alles schwarz geworden. Unsere Substanz im Tiegel riecht furchtbar. Sie hat jetzt einen sehr flüchtigen Geist. Aber ihre Kraft ist stark wie nie zuvor! Würde man davon trinken, würde dies tödlich sein! Hier kommen die zerstörerischen Pole des Tetragrammatons, also des elektrischen und magnetischen Fluids am stärksten zur Geltung. So auch beim Menschen. Die Gärung, die zur Verwesung wurde, hängt damit zusammen, dass viele Larven und Schemen verwesen. Der Mensch wird instinktiv von anderen Menschen ohne Entwicklung gemieden. Dem Hellsichtigen zeigt sich ein grauenhaftes Bild der Zerstörung und Zersetzung! Auch der Schüler der Magie verspürt eine Schwächung der gesamten Vitalität. Ich persönlich hatte 86 Verwesungen. Die gesamte

Lebenskraft wird sozusagen vergiftet, solange dieser Vorgang dauert. Darum möge der angehende Hermetiker nicht traurig sein, denn es erfüllt sich nur ein Naturgesetz!

4. Die Gerinnung

Da nun durch Feuchtigkeit und Wärme eine Wandlung stattgefunden hat, muss nun durch die Elemente Erde und Luft eine neue, langsame Geburt des Höheren beginnen. Es dauert relativ lange bis zur Gerinnung, aber: „Gut Ding will Weile haben!" Durch das Luftelement schlagen die Polaritäten des elektrischen und magnetischen Fluids um in die aufbauende Polarität, welches für wahr eine Umwandlung ist. Das Erdelement festigt die Fluide und lässt die Flüssigkeit langsam erstarren, eben gerinnen. So auch beim Menschen. Die zersetzten Larven und Schemen festigen sich und wandeln sich vom vernichtenden in reine Lebenskraft, sodass der Hermetiker wie neu geboren aus diesem Kampf hervorgeht. Dies ist das Geheimnis, warum es überhaupt Schemen und Larven gibt!

5. Die Festigung

Wenn nun unser Ausgangsstoff schon zäh wird, benutzen wir einen Bunsenbrenner, denn das Feuer kann nun nichts mehr zerstören, weil das hohe Feuer in der Substanz ist, die angezogen wurde. Leichte Hitze führt nun zur Festigung. Die etwas weißliche Farbe wandelt sich ins Rötliche. So auch beim Menschen. Er wird fester im Glauben und härter gegen sich selbst. Zu anderen Menschen wird er sich mild und liebevoll verhalten, genauso wie die gewonnene Substanz im Tiegel, die starke Heilkräfte hat, jedem der damit in Berührung kommt ein bestimmtes Glück vermittelt!

6. Die Versteinerung

Alle Dinge der Erde können zu einem Stein gemacht werden. Unsere Materie wird nun so stark erhitzt, dass sie glüht, damit die Elektronen in stärkste Schwingung gebracht werden. Aber wird dürfen die Temperatur nur sehr langsam so hoch bringen, damit der angehende Stein nicht zerplatzt. Eben so langsam geschieht die Abkühlung. Die innere Erde und das alchemistische Salz werden vollkommen ausgetrocknet. So auch der Mensch, er behält seinen Weg so fest im Auge, dass das Feuer des

Schicksals ihn förmlich ausbrennt und der Magier nur noch fester wird. Er wird sich seiner Gottheit bewusst, denn Bewusstsein und Verwirklichung findet im Erdelement statt. Das Kreuz ist das Bewusstsein eines „normalen Menschen", das Kreuz umschlossen vom Kreis ist das Bewusstsein eines Magiers, der tetragrammatonisch ausgeglichen ist. Vorher der irdische Mensch, nun der gottverbundene Magier. Erst dieser Stein kann zum Stein der Weisen werden!

7. Die Trennung

Durch diesen Weg ist zu den vier Elementen Akasha eingeflossen, also das Fünfte. Wir legen nun den Stein aufs Wasser, er wird nicht untergehen. Wir stellen das Gefäß mit dem Stein in einen dunklen, kühlen Raum, für 21 Tage. Täglich eine Stunde muss der Magier seine Gottverbundenheit dem Stein zuführen. Die Folge ist, dass die noch zu konzentrierten Elemente ins Wasser übergehen. Der Stein wird immer leichter, seine Farbe wird wie ein heller Rubin, beginnt auch zu phosphoreszieren. Nun endlich haben wir ihn, den Stein der Weisen, verwirklicht. Nichts gibt es, was man durch ihn nicht bewirken könnte, sei es „gut" oder „böse". Dieser Stein ist das höchst Wertvolle auf der Welt! Und so ist es mit dem Menschen.
Ich habe jetzt symbolisch den ganzen Weg des Großen Werkes beschrieben, an dem tausende und abertausende „Alchimisten" gescheitert sind. Wir bemerken also, wenn wir selbst nicht wie der Stein der Weisen sind, können wir keinen Erfolg haben. Manche Alchimisten haben mit 17 Jahren begonnen und sind mit 90 gestorben, ohne den geringsten Erfolg gehabt zu haben. Sie haben aus Unwissenheit die Natur vergessen, auch die eigene. Dem Grundgesetz der Alchemie, dass so ein Stein der Allmacht nicht in jede Hand gelangen darf, ist jedem Magier erklärlich!

PRAXIS

1. Stufe

Gemäß der Vorderseite der Alchemie beschreibe ich nun den praktischen Weg zum Stein. Jedem dürfte klar sein, welche Instrumente er braucht, es würde zu lange dauern, alle nötigen Geräte zur Destillation, Kalzination usw. zu beschreiben. Das Buch von Junius „Praktisches Handbuch der Pflanzen-Alchemie" gibt darüber Auskunft. Denn in der Tat beginnt alle

Alchemie mit Chemie, um die Grundsubstanzen herzustellen. Es bestehen vier Aggregatzustände: Stoffliche, astrale, mentale und Äther (Akasha). Letzteres dürfte neu sein, aber nur so sind Quintessenzen herzustellen (nur Franz Bardon erwähnt das in den ersten Auflagen seines „Adepten"). Das bedeutet eine Substanz umzuwandeln. Auf der stofflichen Ebene arbeiten wir mit allen vier Elementen, das Feuer brauchen wir um den Geist auszutreiben, ganz gleich mit welchen Weg wir arbeiten. Der Geist wird aufgefangen, um dann die veränderten Substanzen zu beleben. In den anderen Ebenen arbeiten wir nicht mehr mit dem Feuer, weil wir sonst unser eigenes Werk vernichten würden.

Das was oben ist, ist das, was unten ist. Nehmen wir eine Pflanze: Sie braucht Erde, Wasser, Licht und Luft. Nun ist das Licht keinesfalls das Feuer. Mache die Probe, halte die Pflanze in alle Elemente. Nichts wird passieren, aber halte sie ins Feuer, so verbrennt sie. Das Licht, welches die Pflanze braucht, ist das Sonnenlicht, welches für die Lebenskraft, also elektromagnetisch steht. Diese kurze Belehrung dürfte ausreichen. Den aufgefangenen Geist, der in den Pflanzen ruht, nehme beiseite und achte darauf, dass er sich nicht verflüchtige. Er ist der Geist, welcher später veredelt wird. Aber Vorsicht, auch er wird verändert, welches ihm gar nicht gefällt, denn die Schwingung wird durch den vierten Aggregatzustand verändert. Man muss wissen, dass dieser Geist lebt und durchaus intelligent ist! Letztlich wollen wir ja Essenzen, Tinkturen nebst Salzen wieder vereinigen.

Die Herstellung der Tinktur ist relativ schwer. Es ist die Seele der Pflanze, die als erstes bearbeitet wird. Denn man muss wissen, dass der Geist gelöst ist, daher ist ein schneller Verfall vorgegeben. Wir haben schon vorher von der Pflanze gewusst, welche Eigenschaften sie hatte, von daher wissen wir, wo ihr Ungleichgewicht liegt. Die starke Meditation gibt uns exakt an, welchem Planeten, welchem Element sie angehört. Wir gleichen Plus und Minus aus, indem wir geringe Teile einer Pflanze hinzu geben, die das Ungleichgewicht ausgleicht. Ist dies geschehen, so ist es bereits ein hochwirksames Medikament für den Astralkörper. Wir gehen aber weiter, um zu höheren Ergebnissen zu kommen. Astral steht ja für den wandelbaren Geist. Das bedeutet selbst für den Menschen, dass seine Unvollkommenheit mit einem Makel belegt ist. Das bedeutet, dass wir mit den astralen Pflanzen im Kolben, uns selbst mit ausgleichen, denn sonst würde unser Astralkörper, der mit der Tinktur in Verbindung steht, alles zunichte machen können. Nur Edles kann veredeln. Diese Arbeit wird auch mit den Pflanzen der drei anderen Elemente durchgeführt. So bekommen wir den Ausgleich der Elemente im Einzelnen. Etwas Alkohol stoppt die Zersetzung der seelischen Auszüge. Aus dem oben Geschriebenen erhalten wir vier Salze, zwei Männliche, zwei Weibliche. Diese vier sind mumifiziert, aber das Wichtigste von den Stoffen, weil sie letztlich transmutieren, um sich in der Tat zu verwandeln und der stoffliche Stein der Weisen zu werden. Gerade diese vier werden erst durch Wasser und Mond (Morgentau) gereinigt, um den Äther zu durchwandern. Dabei wird aus dem Weiblichen das Männliche gemacht und umgedreht. Die Salze (Körper) werden eins: Siehe den Hermaphroditen mit zwei Köpfen.

Ein großes Geheimnis ist dieses Verfahren immer geblieben, denn wie kann man Stoff in Äther verwandeln und schließlich umgekehrt? Nun ist Wasser das Element, welches Salz unsichtbar macht, also aus dem Stofflichen ins Astrale holt. Hier geben wir etwas Gold hinzu. Um das Wasser zu verdunsten, stellen wir es in die Sonne. Wenn es beginnt milchig zu werden, geben wir ein Zehntel Alkohol dazu. Die Verdunstung bringt es in den Mentalen Zustand, die Trübung lässt für einen kleinen Augenblick nach, da nun der Äther sich durch das männliche und weibliche Salz, welches nicht sichtbar ist, zieht. Diesen Vorgang nennt man die „Begegnung mit dem Drachen". Man muss dies miterleben, um erstens die Sicherheit zu haben und zweitens das eigene Akasha einfließen zu lassen. Dazu gehört die Bewusstseinsverschiebung und Gedankenausschaltung. Durch Umdrehung der Abläufe erhalten wir wieder das Salz. Es birgt, obwohl es geistlos ist, eine große Kraft. Wer hier das mörderische Element sucht, wird es nicht finden. Erst im Sulfur (Astralkörper) finden wir es und dort müssen wir es trennen. Aber Vorsicht, dies ist lebensgefährlich und Vorsicht ist immer geboten. Hier bekommen wir es mit dämonischen Kräften zu tun, wenn alle Abläufe richtig waren.

2. Stufe

In der alten Alchimie war es üblich, außer Gasen nahezu alles Stoffliche zu bearbeiten. Das brachte den Vorteil, für alles sehr gute Ergebnisse zu haben. Ein Geheimnis dürfte auch sein, dass aus allem stofflichen der Rote Löwe herzustellen ist. Also aus dem Mineral, den Pflanzen und dem Tierreich. Letzteres ist die einfachste Art, aber dem Schwarzmagier vorbehalten, wir denken da gar nicht dran. Wir werden den Stein der Weisen aus Pflanzen erzeugen. Der Sulfur ist die Seele des Steins. Sulfur ist die reine

Lebenskraft, jedoch wird die untere Modifikation von einem mächtigen Dämon beherrscht. Je mehr wir den Sulfur stärken, um so gefährlicher wird es. Sulfur ist ja im übertragenem Sinne Schwefel. Wenn also ein Dämon erscheint, wonach riecht es dann? Hier finden wir die Wahrheit Baphomets, er ist die Verstofflichung der Lebenskraft. Ein Arm weist nach oben, hier fängt er unter anderem die feine Lebenskraft auf, um ihr seine tierische Kraft aufzuprägen, die andere weist nach unten, um sie dem Erdenball zu geben. Deshalb hat selbst der Mensch die so genannte animalische Lebenskraft. Ohne diese könnten wir nicht leben. Hier sehen wir, warum gerade das Stoffliche der Dämonenherrschaft preis gegeben ist. Außerdem könnten wir ohne diese Lebenskraft nicht leben, weil er die negative Sonne für sein handeln braucht.

Unsere Aufgabe ist es, die Lebenskraft an diesem Wesen vorbei zu bringen, da sonst das gesamte Werk misslingt. Nun kann man diesem Wesen nichts vormachen, oder an ihm vorbei schleichen, denn er ist ein König höchsten Ranges. Er ist der Gott der Schwarzmagier. Ich möchte mich nicht länger über dieses Wesen auslassen, nur fordert er einen Teil für sich. Würde man das abschlagen, wäre es der Tod des Alchimisten! Aus dieser Forderung entsteht der vernichtende Teil, den er uns überlässt, als Schuld (Tat) für unser Handeln. Es ist nicht verwendbar für irgendetwas, es würde alles schädigen. Darum ist es in einem Fläschchen aufzubewahren, in schwarzer Seide. Niemals darf ein anderer dieses Fläschchen bekommen. Es wird 0,5 Meter tief eingegraben. Nun könnten wir die vier Sulfure (Seelen) trennen, das Negative muss fast schwarz sein, die reinen müssen die vier Farben der Elemente annehmen – rot – blau – grün – braun. Das sind die gefährlichsten Momente, wehe dem, der nicht vorbereitet ist. Allerlei Getier tritt in Erscheinung, das sind unsere Larven, die durch die Änderung der Schwingung erscheinen. Ein Wächter des Dämons tritt in Erscheinung, um seinen Anteil zu sehen. Geschulte Augen sehen ihn. Eine starke Schläfrigkeit überfällt den Alchimisten. Er verlasse lieber den Raum, bevor er einschläft. All die Erscheinungen nennt man den Schädelbaum, weil man spürt, wie kurz das Leben ist und jeder Schädel weist auf eine eher unnütze Verkörperung hin. Nun gibt es kein zurück. Würde man aufgeben, würde man nie ein richtiger Alchimist, oder erst nach vielen Verkörperungen werden. Das alltägliche Verhalten ist eher ruhig, weil der Alchimist die Verbindung mit seinem Werk mental immer aufrecht erhält. Die geistigen Elemente werden nun in die helle Sonne gestellt, um den Lichtäther zu empfangen. Erst das pure Sonnenlicht. Danach müssen vier eingefärbte

Gläser vor den *Geistern* gestellt werden, gemäß der Elemente. Sollte die Sonne einige Tage nicht scheinen, so können wir ruhig warten, bis das Wetter wieder optimal ist. Ultraviolette Bestrahlung ist nicht möglich, weil diese künstlichen Geräte nichts mit der wirklichen Sonne zu tun haben. Durch tiefe Meditation, nebst Bewusstseinsversetzung, nehmen wir mit jedem Geist Verbindung auf. Am schwersten ist es beim Erdelement, weil die Bestrahlung desselben gegen seine Natur ist. Wir müssen das Wesen beschwichtigen und das Einverständnis einholen, damit es bereit ist, die drei anderen Elemente zu binden. Würden wir es unterlassen, so würde bei der Verstofflichung entweder das Glas zerbersten, oder aber es würde nichts passieren. Das beste Mittel der Beschwichtigung ist es, dem Erdenwesen das ewige Leben zu versprechen. Wir lügen damit keinesfalls, denn der rote Löwe zerfällt nicht und zum Schluss lassen wir wenige Gramm über; dies ist so Tradition bei den Eingeweihten, seit 40.000 Jahren, denn diesen kleinen Rest lassen wir unserer Gottheit, um sie zu ehren. Haben alle vier Geister zugesagt, so stehen wir kurz vorm Gelingen. Langsam fügen wir die vier Geister dem astralen Stoffen zu, gebunden an einem geringen (Teil) reinsten Alkohol. Es darf keine Eile sein. Sind wir sicher, das alle restlichen drei Geister herabgestiegen sind, ist das große Werk gelungen. Das Salz, der Stein, bekommt eine rote Färbung. Durch die astralen und mentalen Vorgänge wächst eine rosenähnliche Gestalt (da heraus stammt das Wort Rosenkreuzer) oder ein roter Stein von geringer Festigkeit. Es kann auch vorkommen, dass es eine salzähnliche Substanz ist. Die Farbe ist hellrot, in der Nacht strahlt es sämtliche Farben aus, denn es ist keine Unreinheit oder Makel in ihm und ist somit das reinste Elemente dieser Erde. Es ist materialisierte göttliche Eigenschaft. Der Umgang ist unendlich vielfältig. Ein Gramm auf 1000 Liter Wasser ist ein Medikament, welches tropfenweise jede Krankheit auslöscht, kräftigt die Lebensaktivität, oder aber das Leben um Jahre verlängert. Man kann Verjüngungen vornehmen, die einen alten Menschen zum Jugendlichen machen. Deswegen wird es auch die wahre Medizin der drei Reiche genannt. Es ist ein energetisches Blutreinigungsmittel und die Verdichtung des Lebens; es bringt Pflanzen in kurzer Zeit zum Wachstum, Reife und Frucht. Es wirkt wie ein Gärmitttel auf alle Körper, mit denen man den Stein zusammenbringt. Allein der Geruch macht hellsichtig, oder bringt das magische Gleichgewicht. Kein Dämon wagt sich im Umkreis von einen Kilometer heran. Das heißt, die ganze Umgebung wird zum Guten und Edlen beeinflusst. Dies gilt natürlich nur, wenn man diesen Stein selbst macht. Auch Dämonen können diesen Roten Löwen herstellen, aber das bedeutet, dass sie nicht ferngehalten werden können. Letztlich aber hasst jedes dämonische Wesen diesen Stein und stellt ihn nur her für Paktabschlüsse. Generell aber ziehen sich nur reine, in ihrer Art vollkommene Wesen um den Roten Löwen zusammen, um in seinem Licht zu baden. Die Göttliche Vorsehung allein entscheidet, wer so wertvolles haben darf. Kein Unreifer wird je imstande sein, auch nur annähernd diese Kraft zu evozieren. Dem Ausgeglichenen wird es fast ein Kinderspiel sein, mit derartigen Dingen umzugehen!

3. Stufe

Es ist notwendig, noch einmal die Lebenskraft zu erwähnen: Leben ist eine Eigenschaft der Seele, dieses Leben ist der Beginn der feinsten grobstofflichen Materie. Je dichter diese Kraft, um so physischer. Hier liegt das Geheimnis der Transmutation, also der Umwandlung. Da dieser verdichtete Astralstoff der Träger aller sichtbaren Erscheinungen ist, der sich mit jedem Gedanken präparieren lässt. Dies ist nicht nur der Schlüssel zum Erfolg auf dieser Erde in jeder Hinsicht.

Auch dies gehört zur Alchemie, man sollte dies bedenken. Das ist der Schlüssel, aus nichts etwas zu machen. Dieses „Nicht" ist natürlich nur materiell gemeint. So wurde auch die gesamte Schöpfung aus verschiedenen Buchstaben gemacht. Alchemie bedeutet schließlich schöpfen, aus einer Substanz eine andere zu machen, ist schließlich ein Schöpfungsgedanke! Wollen wir den Stein der Weisen herstellen, so ist das vorher Geschriebene eine Variante, die zu kurz wäre, um in der Tat das „Große Werk" wirklich durchzuführen. Es ist eben nur ein grober Umriss, mit dem nur Eingeweihte wirklich etwas anfangen könnten. So ist zwar bis ins Kleinste der Weg sinnbildlich beschrieben, aber dennoch nur die Vorderseite. Für den angehenden Alchimisten sind viele kleine Dinge notwendig, die der Magier bereits außer Acht lassen kann. Dem Schüler sind andere Dinge wichtig, als dem Beherrscher des fünften Blattes der Weisheit. Ich erwähne nur die fünf Elemente, die Elementarwesen, Planeten-Ströme, die sieben Planeten-Geister und -Quadrate, die Wochentage und ihre entsprechenden Runen, das elektrische und magnetische Fluid, dann das elektromagnetische Fluid, zehn göttliche Eigenschaften, schließlich die Tierkreiszeichen usw. Ich breche hier ab, um den Schüler nicht weiter zu verunsichern. Nur die Einordnung all dieser Dinge ist wichtig. Setze sie am richtigen Platz ein und eine ungewöhnlich

Ordnung wird sichtbar.

III. Philosophie:
Das Geheimnis des Lebens im Blickwinkel
der kosmischen Gesetzmäßigkeit

Hier wird das erste Mal zu Papier gebracht, was alle Eingeweihten bisher als Geheimnis für sich behielten. Sie hatten zwei Gründe dafür: Erstens sollte so ein hohes Wissen niemals in profane Hände gelangen, welche es unweigerlich beschmutzen würden, zweitens auch für Philosophen wäre es schlecht, weil diese anfangen würden kosmische Gesetze zu drehen und zu wenden um letztlich persönliche Meinungen hinzuzufügen. Auch das wäre Profanierung.

Das Leben stammt aus dem Akashaprinzip der Göttlichen Vorsehung, welches nur wenigen Einblick in ihre Werkstatt des Seins gewährt. Das wirklich VOLLKOMMENE, UNERFORSCHBARE liegt in diesem Prinzip. Wir müssen nun gut acht geben, dass wir Qualitäten nicht mit Quantitäten verwechseln, weil das erste Mystik bedeutet, das andere Magie. Wenden wir uns zurück an die Ursachensphäre (AKASHA) welche einzig und allein elektrische und magnetische Wellen aufweist. Diese stammen aus einer unerforschlichen Tiefe und keiner darf es wagen diese Ursachen der Ursachensphäre zu ergründen. Denn unweigerlich würde das geistigen Zerfall, letztlich geistigen Tod bedeuten. Dies geschieht daher, weil der Mensch sich unweigerlich verirren würde, um nie mehr zurück zu kommen. Es ist sehr schwer ein derartiges Geheimnis zu offenbaren, denn wenn ich die Schöpfung des Mikrokosmos beschreibe, so wird auch unweigerlich der Makrokosmos in der Schöpfung einbezogen. Das elektrische und magnetische Fluid beinhaltet das Geheimnis des Lebens, denn beide Fluide kreuzen sich und so entstand der vierpolige Magnet.

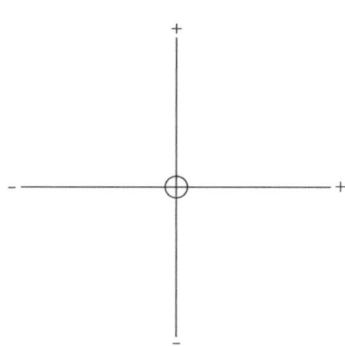

Das Arbeiten dieser zwei Fluide in ihrer Schwingung bedeutet das, was man Leben nennt. Um sich dessen bewusst zu werden ist es nötig, die Elemente zu realisieren, welches durch die Arbeit dieser beiden Fluide zustande kommt.

Die Frage mag auftauchen: Warum zwei Fluide und dennoch vierpoliger Magnet? Die Antwort basiert darauf, dass jedes Fluid zwei Polstrahlungen hat, also je zwei aufbauende und zwei abbauende Pole. Auch nur so können die Elemente entstehen, durch die Spannkraft der Anziehung und Abstoßung. Folgendes Bild dient der Erläuterung:

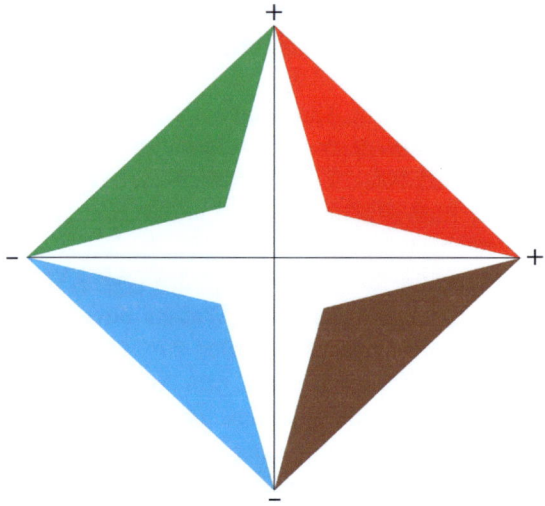

Nun haben wir in diesem Bild einen menschlichen Mentalkörper vor uns, aber auch einen mentalen Makrokosmos. Der Kreuzpunkt ist das Akasha in hellstem Licht der Vollkommenheit, weil das der Punkt: „Es werde" ist. So ist auch unsere Sonne der Mittelpunkt, unser stoffliches Bild Gottes, denn der genannte Punkt ist der Akashapunkt. Im Mikrokosmos ist es noch ziemlich dunkel darin, aber es reguliert bereits alles und das magische Gleichgewicht wird auch die innere Sonne beim Menschen erscheinen lassen. Jeder mag hier meditieren und es werden viele Geheimnisse offenbar. Nun ist aber der zeit- und raumlose Zustand nicht geeignet Erkenntnisse, Erfahrungen, richtiges Leben usw. zu haben, daher war die Notwendigkeit der Astralebene nötig, die selbst auch aus Akasha wie die

Mentalebene hervorging, nur etwas dichter. Diese Astralebene ist an Raum gebunden und lässt eine Spiegelung des Mentalkörpers zu. Erst hier sind also die ersten Selbsterkenntnisse möglich, denn die Mentalmatritze ist ja am Astralkörper gebunden und lässt es zu, das Eindrücke hinauf und hinabsteigen und somit den Menschen die Erkenntnis des Lebens und der Eigenschaften nahezubringen. Von daher kann man sagen: Die Astralebene ist unsere Heimat, in der wir uns MENSCH nennen können. Hier selbst ist Entwicklung schon möglich, aber es fehlt das zerstörerische Prinzip, welches den Menschen der größte Erzieher ist. Aus dieser Notwendigkeit entstand die grobstoffliche Ebene, in der wir als männlich und weiblich inkarniert werden. Herrscht das Element Feuer und Luft vor, so werden wir als Mann geboren, herrscht Wasser und Erde vor, werden wir als Frau geboren. Diese Trennung ist bereits in der Astralebene vorhanden, in der Mentalebene ist dies nicht der Fall, denn Unsterbliches darf niemals nur nach aktiv oder passiv gestaltet sein, weil dies letztlich sterblich wäre. Der Geist alleine würde nichts zustande bringen, weil ihm Zeit und Raum fehlt, daher braucht er den Astralkörper, wo sich sämtliche Eigenschaften des Geistes widerspiegeln.

Die Verbindung geschieht durch die so genannte Mentalmatrize, welche die Seele an den Geist bindet. Ihre Natur entspricht den feinsten Schwingungen des Akashaprinzips, ELEKTRISCH und MAGNETISCH. Ihre Farbe ist Gold, weil sie im geheimen Zusammenhang mit der Sonne steht. Diese Mentalmatritze ist es auch, welche sämtliche Gedanken und Ideen aus dem Akasha holt. Sie hat also wie gesagt zwei Aufgaben! Der Astralkörper wäre nicht fähig zu leben ohne den Geist. Das bedeutet, dass seine Schwingung materieller sind und elementarisch nicht dem JOD-HE-VAU-HE entsprechen. Wir sehen deutlich, dass die Elemente in Opposition zueinander stehen. Außerdem sieht man in der Astralebene die Emanation des Höchsten, welche zeit- und raumlos ist. Daher finden wir nur in der Astralebene unseren Gott. In der Astralebene entsteht der Raum. Diese Räumlichkeit dient der Bewusstwerdung der Gedanken. Andererseits ist der Astralkörper den astralen Elementen unterlegen, sodass er sozusagen altert, wenn wir nicht das astrale Gleichgewicht haben. Als Letztes entstand die stoffliche Ebene und der Körper, welcher Zeit und Raum unterlegen ist, kann der Geist hier auf der stofflichen Ebene erst richtig lernen. Auf der stofflichen Ebene wirkt das zerstörerische Prinzip als Lehrer, wohingegen in den anderen Ebenen dieses Prinzip nicht wirksam ist. Die Astralmatrize ist das Bindeglied der Seele an den grobmateriellen Körper. Sie ist ebenfalls elektrisch und magnetisch hat jedoch eine silberne Farbe, weil der Mond einen geheimen Zusammenhang mit dieser Matrize hat. Selbst der stoffliche Körper unterliegt den vier Elementen. Nun ist es unglaublich interessant in den Tiefenpunkt eines Gegenstandes zu tauchen. Sei es im Sandkorn oder in eine Milchstraße, so wird man objektiv alles erkennen. Der Geist kann durch seine Verkleinerung das Sandkorn zu unendlicher Größe bringen, wir können unser Bewusstsein in die Sonne versetzen, nebst ihren Planeten achten, so ist das Empfinden des Makrokosmos vorhanden. Wir können also unser Bewusstsein durchaus in den Weltraum versetzen, nicht aber in das Weltall. Von diesem Punkt aus kann man Kleines groß und Großes klein machen, dies liegt nur an der Imaginationskraft. Es stellt sich die Frage: Was stimmt nun? Um es genau zu sagen, es stimmt beides. Denn dieser Akasha-Punkt zeigt reales Gleichgewicht, das bedeutet also, die Verkleinerung ist das Gesetz des magnetischen Fluids, die Vergrößerung ist das Gesetz des elektrischen Fluids. Dieses anscheinende Arbeiten der Fluide und der Elemente ist nur auf der materiellen Ebene möglich. Es ist auch gut, dass die Vorsehung dieses Wissen nur dem Hermetiker öffnet, denn dem Mitmenschen würde es nur Verwirrung geben. Dem Hermetiker ist eine Vielzahl von Möglichkeiten gegeben, die jeder gemäß seiner Entwicklung bestimmen kann.

Die alchemistische Metaphysik

Als Menschen müssen wir von der Physik ausgehen. Das Einfache ist oft das Komplizierte oder umgedreht. Es gibt große Dinge mit wenig Atomen oder kleine mit vielen. Nehmen wir z. B. Sauerstoff im Gegensatz zum Blei. Wie viel Raum ausgefüllt wird hängt ab von Elektronen, Atomkern usw., auch das Gewicht hängt damit zusammen. Das sind Auswirkungen von Zeit und Raum. Aber beides ist subjektiv, von daher einseitig, weil nur Objektivität das Wirkliche ist. Wir wissen, Atome ändern sich bei gewissen Reaktionen. Ist es kalt, verlangsamen sich die Elektronen, bei Hitze ist es umgedreht! Also keine Stabilität, auch das kann nur subjektiv sein. So ist die Welt und Materie überhaupt nur von den subjektiven Gesetzen bestimmt. Jeder Physiker kennt die Gesetze, aber dass sie nur Bestand haben, liegt an der objektiven Seite, die leider nur wenige kennen.
Ich versuche zu erklären, warum in der Alchemie alles wandelbar ist. Versetzt man sich mit dem Geist in den Mittelpunkt eines Sandkorns und macht sich Atom-klein, so befinden wir uns in einem riesigen Kosmos, unendlich groß, nicht mehr messbar für ein Maß. Drehen wir die Sache um. Nehmen wir unseren Weltraum. Die Gedanken werden abgeschaltet und man empfindet nichts, so spiegelt sich bei einer gewissen Tiefe der Ausschaltung das ganze Weltall wieder. Auch dessen Größe kann dann nicht gemessen werden, weil unsere Gedanken an Zeit und Raum gebunden sind, zerfällt beim ersten Gedanken der Weltraum wieder in unendlich „groß"! Aber wer es so erlebt, wird nicht sagen können, ob das Sandkorn oder der Weltraum größer ist. Die Erklärung ist folgende: Objektiv gibt es kein „groß" oder „klein". Erst das Tetragrammaton der stofflichen Ebene lässt uns Kleines als klein im magnetischen Fluid und Großes als groß im elektrischen Prinzip erkennen! Ich nehme jetzt kein Objekt, sondern eine Qualität! Gibt es halbe Liebe oder dreiviertel? Nein, es gibt nur Liebe, ohne wenn und aber. Wie groß ist sie? Wer anders denkt, kennt nur das verliebt sein, ein dummer und subjektiver Zustand. Wir können also sagen: Was absolut ist, kann nur objektiv sein, also unzerstörbar. Diese Qualität musste ich erwähnen, um zu erklären, dass von der Objektivität aus alles gleich ist! Das Sandkorn ist so groß wie das Weltall. Jetzt mag der Gedanke entstehen, das ich falsch denke! Aber das Geheimnis liegt im „Über" oder besser

gesagt im Akasha. Es ist größer als unendlich, zugleich ist es kleiner als klein. Also jeder Gedanke, jedes Ding der Betrachtung wird nur aus diesem Punkt richtig gesehen. Hier zeigt sich Akasha in Form des Tetragrammatons, um den Mensch zu zeigen, dass es keine großen und kleinen Menschen gibt, sondern erst der „Übermensch" ist beides! Der Übermensch kann vom Menschen nicht mehr begriffen werden, das können wir häufig in der Quabbalah lesen. Dies liegt daran, weil er zur Gottheit wurde. Dieses Wesen lebt in der Objektivität, im „Großen Jetzt"! Der Zustand bedeutet, sich an Akasha zu binden. Die Vorsehung des Akasha bedeutet die Zahl Null, für den Menschen ist diese Zahl unbegreiflich, nicht definierbar. Winzig, aber auch unendlich. Dies spiegelt sich sogar in der Mathematik wieder. Wir brauchen ein Objekt, besser gesagt eine Zahl. Nun bestätigt sich, was ich gesagt habe! Das magnetische Fluid versetzt die Zahl nach der Null, das elektrische Fluid davor.
Dabei entsteht folgendes Bild:

00000000001 magnetisch
10000000000 elektrisch

Man erkennt, dass nur die Fluide zeigen, was die Zahl ausmacht. Dies Gesetz kann der Schlüssel für alles sein. Es ist der Weg durch das Tetragrammaton alles erklärbar zu machen. Nur jeden Pol richtig beachten, dann liegt man immer richtig. Aber bitte aus der Mitte, weil das Bild sonst verschoben ist. Ich zitiere den Schüler von Franz Bardon Pastor Drabek aus Prag: „*Der Geist ist die führende Macht. Eine unsterbliche Weisheit in unserem Mikrokosmos. Er äußert sich auf der materiellen Ebene mit seinem stofflichen Körper und in der Astralebene mit seinem sehr sensiblen, feinen Astralkörper. Falls der Geist beide diese Hüllen in einem einwandfreien Zustand erhält, das heißt im absolutem Gleichgewicht, gewinnen wir dadurch ein wunderschönes Gefühl, das zur ewigen Jugend gehört. Und diese Jugend verlässt uns nicht, wenn wir altern. Wenn wir Ermüdung spüren, Krankheiten und ähnliche vorübergehende Erscheinungen, Zustände die wir als natürliche Folge unseres Schicksals betrachten müssen. Dafür ist unserer Geist ewig, unsterblich, immer jung.*"
Das sind Einstellungen, die wir für die Alchemie unbedingt brauchen, weil wir alles im Blickwinkel des Geistes sehen. Sonst würde es das erste Experiment scheitern lassen. Diese Bewusstseinswerdung, dass nur der Geist wirklich lebt, dass er ewig ist, gibt uns erstaunliche Lebenskraft.

Dieses ist besonders für die Alchemie von Nutzen. Auch hier müssen wir die Zeit ausschalten, sollte die Verkörperung vorübergehen, so bedenken wir, das es eine astrale Alchemie gibt, wo wir besonders lernen können. Es verhält sich wie bei allen großen Tarotkarten, die oftmals in einem Leben nicht zu schaffen sind. Nur die, welche schon als Magier geboren sind, nehmen hier die Chance wahr, 2-3 Tarotkarten zu erlernen. Das hier geschriebene ist sehr schwer zu erlernen. Jede Tarotkarte hat ihre Schwierigkeiten. Am schwersten für einen Anfänger sind die ersten drei Tarotkarten, mehr kann er bei bester Veranlagung, größter Förderung eines Meisters nicht erlernen. Dies ist ein Universalgesetz. So leicht sind Goldschätze nicht zu heben. Es gibt Karten, die selbst bei bester Förderung nicht in einer Inkarnation zu beherrschen sind. Es sind die 7., 13., 14., und 15. Karte. Außerdem die 19., 20. und 21. So weit wollen wir jetzt aber nicht gehen. Wir verbleiben zunächst bei dem 5. großen Arkanum.

Ich will es einmal sehr deutlich machen: Die untere Materie, oder Pflanzen müssen, da sie der irdischen Ebene angehören geändert werden, von der obersten Ebene. Dies bedeutet, dass ein Drittes entsteht (Kind), nämlich eine Prima Materia! Vorstellen kann man sich es im Prinzip wie beim Menschen, nur die Technik ist anders. Aber auch Akasha ist wie beim Menschen erforderlich. Das weibliche Salz (Fluid) muss geschwängert werden! Wer ist der Vater? Natürlich ist es die Grundidee Akashas, dass alles in reinster Form vorhanden ist. Männliches Salz ist Salpeter. Das sonstige Salz ist das Salz, welches wir kennen. Das bedeutet, wollen wir Erfolg haben, müssen wir Salpeter gewinnen. Wie sonst soll es materiell anders sein? Beim Sammeln der Pflanzen wählen wir den Frühling, weil sie dann am Kräftigsten sind. Es ist wie bei den Menschen. Wie man Salz gewinnt, ist jedem Alchimisten klar. Aber sie sind rein irdisch, also elektromagnetische Materie. Sie muss also in männlich und weiblich geteilt werden, denn könnte das Männliche geschwängert werden? Natürlich nicht! Also müssen wir teilen. Das „Wie" ist die Frage? Bitte denkt nach. Wir haben nur eine Möglichkeit. Das wahrhaftig ist der „trockene Weg". Einfacher ist dieser Weg, aber alles was einfacher ist, ist auch gefährlicher.

Bruder und Schwesternseele

Diese Dinge zu schreiben, ist schwierig. Abstrakt auch, denn es handelt sich um eine höhere Tarotkarte. Diese Seelen treffen selten aufeinander, etwa alle 10 bis 20 Inkarnationen lässt die Vorsehung eine solche

Inkarnation zu, wobei diese Seelen aufeinander treffen, aber nicht unbedingt zusammen gehen! Geschieht das aber, so wird die Ehe meist gut und harmonisch verlaufen. Sicher gibt es auch hier Streit, Meinungsverschiedenheiten usw., aber einmal zusammen, kann nichts auf der Welt sie trennen; außer der Tod. Dabei kommt es häufig vor, das Partner oder Partnerin die innerhalb des ersten Jahres sterben, auf keine neue Partnerschaft eingehen und auch keine Ehe zustande kommt. Die Bedeutung liegt darin, das beide Seelen sich sehr ähnlich sind, man kann auch von einer Seele sprechen, die aber geteilt ist. Ihre, wenn ausgeübte Sexualität ist immer etwas besonderes, sie ahmen damit schöpferisch die Gottheit nach. Wir wissen, dass die Vorsehung sich teilte in männlich und weiblich, also in das elektrische und magnetische Fluid, wobei das Tetragrammaton entstand, also der vierpolige Magnet, die Grundlage des Lebens überhaupt. Genau diesem Gesetz entsprechend kamen Bruder- und Schwesternseele zustande. Nun hat aber jede Seele ihren Mentalkörper und hier liegt das große Geheimnis, nämlich die Entstehung eines vollkommenen anderen Wesens! Mehr darf ich nicht sagen, um nicht diese hohe Tarotkarte zu „verraten", die erst der Magier oder Magierin in ihrer weiteren Entwicklung kennen lernt.

Da wir von Seelen sprechen, sehen wir, dass das Geheimnis in der astralen Ebene zu suchen ist! Eine Matrize muss eine Patrize als Gegenstück haben! Bitte meditiert darüber tief. Die Frau stellt in der Menschenschöpfung das negative Prinzip dar. Es wäre dumm zu sagen, dass sie nun deshalb schlechter wäre, als der Mann, dann müssten wir nämlich sagen: Die Nacht sei schlecht, das magnetische Fluid sei auch schlecht. Es wäre ohne das weibliche Prinzip wie ohne Kontrast, aber dann bekämen wir keine Farben. Beim Fernsehgerät können wir es ausprobieren. Beim männlichen Prinzip verhält es sich ähnlich. Aus diesem Grund sind bei Eheleuten, die nicht seelenverwandt sind, oft nur die Sexualität das Bindeglied, welches dann aber schnell zerreißt. Das Leben von Geschwisterseelen, ob hermetisch oder nicht, ist farbiger, ausgeglichener und vieles mehr. Bei Hermetikern ist die Bindung von großer Bedeutung, weil sie sich ergänzen. Das bedeutet in der Regel schnellere Entwicklung, denn intuitiv wird die Partnerschaft seinem Gegenüber immer richtig raten. Auch in der Astralebene trennen sie sich nicht. Je feiner nun die Astralschwingung (Entwicklungszustand) ist, um so ähnlicher werden sie sich. Schließlich fließen sie ineinander, um eins zu werden. Dieser Zustand hat eine tiefe Bedeutung, denn er ist der ursprüngliche Zustand des MENSCHEN! Es ist keine Wiederverkörperung nötig, nur wenn die Vorsehung einen Auftrag hat. Die Verkörperung ist entweder männlich oder weiblich, aber meist ehelos, weil ja beides eins ist! Die Individualität beider bleibt voll erhalten, sie ist sogar ausgeprägter und zeigt sich in einem schier unerschütterlichen Gleichgewicht. Der mentale Vorgang muss, wie angedeutet, geheim bleiben, nur ist der Vorteil sehr groß! Es beginnt nun eine Entwicklung, die vom menschlichen Standpunkt nicht zu begreifen ist. Was war nun die Grundidee der Geschlechterteilung? Jeder Magier weiß, dass das Weibliche verdichtet/gebärt. Es fällt den Hauptelementen Wasser und Erde zu. Beim Männlichen ist es umgedreht, es neigt eher das stoffliche zu vernichten (siehe Kriege, Atombedrohung usw., die vom männlichen Prinzip ausgeht!). Deswegen sind in vielen Logen, oder sogar Religionen die Frauen ausgeschlossen, oder unbequeme Menschen, die man bestenfalls in Klöstern oder ähnlichem unterbringt, wenn es um Geistiges geht. Das ist natürlich dumm, arrogant, wie die Männer nun einmal sind, wobei sie genau wissen, dass das eine Geschlecht ohne das andere nicht leben kann. Auch die Vorsehung versah mit großer Weisheit jede Frau mit dem männlichen Prinzip, den Mann mit dem weiblichen Prinzip, also analog dem Akasha: Ausgleichend. Aber hier finden wir auch die Erklärung der Bruder- und Schwesternseelen! Der Mann findet durch die enge Verwandtschaft in seiner Schwesternseele genau die Eigenschaften, die ihm fehlen, aber auch umgedreht. Man möge mich nicht missverstehen, ist die Entwicklung noch nicht so weit, dann kann hauptsächlich aus egoistischen Gründen eine Ehe, oder ein „miteinander Leben" durchaus scheitern. Solche Seelen trennen sich dann, verlieren aber dabei selbst bei unentwickelten so viel, wie sie nicht ermessen können! In der Regel werden solche Menschen nie mehr glücklich, sollte auch die Partnerin oder der Partner 20 oder mehr Jahre jünger sein, so wird immer eine „Ergänzung" fehlen. Bei uns, die wir dem Höchsten zustreben, erkennen genau den hohen Wert einer solchen Zusammenkunft. Deshalb heiraten wir auch, um das Partnerschaftliche nicht so leicht durch mögliche kleine Affären zu verlieren. Denn eins ist ganz sicher: Das so genannte negative Prinzip, welches schon an sich eine Entwicklung hemmen will, wird gerade bei solchen Partnerschaften versuchen, seinen Hebel anzusetzen, wenn auch meist dämonische Einflüsse in der Regel vergeblich arbeiten und beide wie „Pech und Schwefel" zusammenhalten. Man kann, wie bei allen kosmischen Gesetzen, einen Zusammenhang zu Arkanen finden, in diesem Fall besonders zur Alchemie. Solche „Seelen" treffen sich stofflich immer wieder, in jeder

Verkörperung und obwohl sie andere Körper haben, erkennen sie sich, auch Karma führt sie dann immer zusammen, um „sich" zu erkennen! Beide Partner müssen sich nicht gleich erkennen! Mental wissen wir, dass es hier keine Geschlechter gibt! Vielmehr ist der Mentalkörper ein Hermaphrodit. Er empfängt mit der Mentalmatrize elektrische, magnetische und elektromagnetische Gedanken aus dem Akashaprinzip. Wobei zerstörerische Gedanken den Mentalkörper schwächen, aufbauende Gedanken stärken (siehe deprimierende oder schöpferische Gedanken). Hier liegt das Geheimnis des wandelbaren Geistes, nämlich die Astralebene. Nun ist nur der Geist das Ebenbild Gottes! Wie kann sich etwas Unsterbliches wandeln? Hier liegen viele Geheimnisse für den/die Unwissenden! Es hat zu tun mit dem so genannten Sündenfall, wieder war die Frau schuld, welches den Kirchenvätern des Christentums, oder den Mullahs der Mohammedaner gerade recht kam. Aber außer den Machtgelüsten stand das Weib als negatives Prinzip für die Schuld, hinter der sich die dummen Männer verstecken. Der Hermetiker weiß, dass die Frau erst den Geist unsterblich macht. Ohne „Sündenfall" wäre keine Entwicklung möglich. Die alten Ägypter, deren Wissen nach Indien gelangte, achten bis heute die Frauen, wenn auch nur esoterisch! Auch die Buddhisten sind weiter, wo jeder seine namentliche Shakti (Göttin) hat. Es stimmt, die Frau hat einen kleinen Makel, den der Mann nicht hat. Aber die Männer haben soviel Dunkles, so dass die Frau wenigstens gleich ausgeht. Man hat sie nur in Jahrtausenden diskriminiert, Selbstbewusstsein genommen, sodass unter uns anstrebenden Magiern Magierinnen selten geworden sind! Aber gerade dem Christentum schreibe ich einige absolute Magierinnen zu, die jenseits der Quabbalah gearbeitet haben:

– Hildegard von Bingen,
– Jeanne D´Arc,
– Fabiola,
– Mutter Gottes-Maria,
– Brunhilde die heilige Brunaldis,
– Magdalena von Rotenburg, usw.

Jawohl, die Frau verstofflicht, aus ihrer Eigenart entstand die Astralebene und letztlich der grobe Stoff. Schlimm? O nein, sie baute unsere Schule, wo wir lernen, leiden, uns freuen, vor allem entwickeln. Das war von sehr hohen Geistigen (Dämonen) nicht gewollt. Aber sie unterschätzten die Liebe Maha-Devis, das ist die große Göttin, viele Namen hat sie und ihr

Gemahl, in seiner höchsten Form – (Akasha) unterstützt sie. Dieser Makel ist nur, weil die Eins die Zwei schuf, worauf das Geschöpf, die Drei und somit die ganze Schöpfung eingeleitet wurde!

Was können wir lernen aus dem Gesagten? Unsere Schwesternseele ist unsere Shakti. Wir kommen unserer Patrize nur näher durch sie. Man muss das so sehen, die Patrize nenne ich Stempel, die Matrize ist der Abdruck. Dieser Abdruck ist genau seitenverkehrt und darum haben viele Menschen Schwierigkeiten, denn es ist alles verkehrt herum. Nun langsam merken wir, wer unser Gott ist! Bitte nicht so dumm sein und an den Teufel denken. Das passiert häufig. Nun muss man sich die Frage stellen: Wen Gott liebt, der leidet? Ich erinnere an unseren Meister Arion, wenn er dem Dr. M.K. sagte: „Es ist zu lange gut gegangen, hat uns die Vorsehung vergessen?" Was hat das für eine Bedeutung? Falls es euch interessiert: Ich schreibe von der sechsten Tarotkarte! Nun zurück: Die Matrize, welche Geist und Seele verbindet, muss spiegelverkehrt gesehen werden, dann sehen wir unseren Körper im richtigen Dasein. Aber wie bringt man dies zustande? Bruder und Schwesternseele bringen das zustande, denn der Mann könnte analog zu dem was oben ist, auch zu dem sein, was unten ist. Dies ist universell! Es gibt Übungen, die dies möglich machen. Beide Partner müssen zuvor das erste große Runen-Arkanum erfolgreich geübt haben, nur so ist es möglich! Aber keiner sagt mir, ich soll die 6. Tarotkarte schreiben und so lasse ich es auch. Ethik ist ein sehr hoher Aspekt und die 6. Karte ist die Sexualmagie! Um keinen Schaden anzurichten, endet hier meine schriftliche Darlegung!

All diese Dinge, wie Bruder- und Schwesternseele nebst Unterdrückung des Weiblichen, stehen sehr wohl mit der Alchemie in Zusammenhang, denn wer sein nächstes Umfeld nicht harmonisiert gestaltet, ist ein schlechter Alchimist. Sehr wohl muss inneres nebst äußeres übereinstimmen, denn wie sollte die Schöpfung des roten Löwen sonst im Gleichgewicht mit seinem Schöpfer stehen? Die Lebensführung ist ja bei der ersten Tarotkarte nahezu asketisch im Verhältnis vieler Mitmenschen, auch gerade die 5. Tarotkarte fordert dies. Ich wiederhole: Das Geschöpf kann nur so rein sein, wie sein Schöpfer, in unserem Falle also der „Stein der Weisen"! Wäre dem nicht so, könnte dieser Stein gar nicht entstehen! Alles hat seine Gesetze, und gerade in der Alchemie spiegeln sie sich wieder.

Aber zurück zur Praxis. In bestimmten Fällen, bei Pflanzen mit sehr flüchtigen Geist ist es sogar notwendig, des Nachts zu arbeiten, wenn besonders Wert auf die Seele des Steins (Schwefel) gelegt wird. Auch die Bestrahlung mit dem kalten Feuer wird notwendig. Kaltes Feuer bedeutet ja einen Widerspruch in sich. Dem Hermetiker ist bekannt, dass der Mond gemeint ist. Er reflektiert ja das Sonnenlicht, aber gepaart mit den stofflichen nebst seelischen (ASTRALEN) und geistigen (MENTALEN) Kräften des Mondes! Wir sehen also, dass das Licht selbst tetragrammatonisch ist. Das Sonnenlicht hat einen aufbauenden und einen abbauenden Pol! Es ist das aktive Licht. Der Mond stellt nun das passive Licht dar! Ich brauche den Unterschied nicht zu erklären, weil noch niemand vom Mondlicht einen Sonnenbrand bekommen hat! Also bekommen wir vom Mond passives Licht. Es ist ein merkwürdiger Begriff, negatives Licht. Es ist das Geheimnis von Matrize und Patrize. Deutlicher gesagt, stempelt die Sonne ihr Licht (Patrize) auf den Mond (Matrize). Wir sehen daraus, dass die Matrizen sämtlicher Wesen von der Patrize abhängig ist. Ich offenbare jetzt ein gut gehütetes Geheimnis, welches ein Universalgesetz ist, denn wenn der Mond ohne Sonne wäre, würde er unsichtbar für das Auge sein. So gesehen, würden sich auch die menschlichen Matrizen auflösen. Wir haben hier auch das Geheimnis des weiblichen Prinzips (Maha-Devi), welches vollkommen abhängig ist vom männlichen Prinzip (Maha-Deva). Aber beides macht erst das „Leben" möglich! Was wäre, wenn keine Reflektion wäre? Die Antwort ist einfach, es gäbe kein Leben! Beim Stein der Weisen ist die Arbeitsweise so dargelegt, das Geist, Seele und Körper sich selbst binden. Es gibt aber noch Dinge in der Alchemie, wo wir selbst die Matrizen bilden müssen, durch Geisteskraft, das bedeutet, aus manifestierter Imagination, Licht, die Mentalmatrize; durch reine Fluidstrahlung elektrisch und magnetisch (vgl. „Der Weg zum wahren Adepten": Das Arbeiten mit Fluiden), die Astralmatrize. Wir erkennen also, was die Mentalebene angeht, durch Gedanken, die so konzentriert sind, das sie sich verwirklichen. Was die Astralebene angeht, durch Fluide. Das Stoffliche durch die Elemente. Es gibt da noch eine „stoffliche Matrize", die aber nicht in diese Tarotkarte fällt. Daher schreibe ich nicht darüber, möchte aber erwähnen, dass die 15. Tarotkarte einen bestimmten Zusammenhang mit dieser Matrize hat. Da der Mensch schon an sich der wahre Athanor ist, kann er vieles von sich selbst nach außen projizieren. Das wird ihm auch helfen die Rückseite der 5. Tarotkarte gemäß seiner Entwicklung zu enthüllen, um wahre Alchemie zu machen. Wir erkennen auch, dass das erste Buch der Weisheit ein Schlüssel ist, mit der man sämtliche hermetische Türen öffnen kann. Die Praxis des 5.

Blattes ist sehr abstrakt und eine gewisse Erleichterung für mich, dass ich sie nicht direkt aufschreiben brauchte. Ich glaube, dass ich neue Worte erfinden müsste, um gewisse Dinge verständlich zu machen, nur wer versteht „neue Worte"? Mag jeder selbst das Beste aus der Vorderseite des Buches holen, das klar sagt, dass die Geräte nur Mittel zum Zweck sind. Es ist einige Praxis möglich, in der der Schüler EINS werden kann, mit den Dingen, die er gerade macht. Bei der Alchemie kommt eine Weisheit vor, die jeder Praktikant erfahren wird, weil er die genauen Abläufe der Universalgesetze kennen lernen wird. Er muss also Geist nebst Seele vom stofflichen Material (sterblich) austreiben. Hier lernt er die Gesetze des Todes kennen. Schließlich muss der Geist in das Akasha gelangen. Erst hier wird er geändert, verfeinert. In der geistigen Ebene wird sein Charakter gefestigt, um die Widerspiegelung zu bekommen, wird der Astralkörper wieder gebunden. Sollten wir dies nicht tun, wird der „Löwe" nur mentales bewirken. Kurz und einfach gesagt, muss man den Geist, die Seele und den Körper in gewisse Ebenen schicken, danach werden sie „geläutert", wieder zusammengefügt. So einfach ist das! Leider bekämen wir schlechte Materie heraus, die keine Wirkung hätte. Die Frage mag auftauchen, wie bringe ich den Geist ins Akasha? Da er in bestimmter Vollkommenheit sein muss, werden alle vier Elemente gereinigt! Der Geist ist sehr flüchtig (Gaszustand), deswegen atmen wir beim Destillieren den Dampf ein, gemäß seines Elementes. Wir spüren dann die Hitze des Feuers, die Kälte des Wassers usw. Letztlich drücken oder konzentrieren wir es in den „goldenen Schnitt" Dort halten wir den jeweiligen Geist fest. Dies muss drei bis vier Stunden dauern, sonst könnte sich der Mentalkörper der jeweiligen Pflanze nicht ändern. Erst wenn Seele und Körper schon gereinigt sind, bekommt er den „Lebenshauch" durch Ausatmung des Geistes, oder wir lassen das jeweilige Element direkt aus dem Solaris Plexus auf den „Körper", um ihn zu beleben. Beide Arten sind gut. Das WIE überlasse ich den Alchemisten. Wir imaginieren ein „Goldenes Bändlein", um den Geist zu binden. Das heißt, durch konzentrierte Imagination wird der Geist an das jeweilige Elementesalz beim Ausatmen mit absoluter Gewissheit befestigt. Bei dem abstrakten, seelischen Stein werden die jeweiligen Fluide an den Astralkörper des Steins gebunden. Auch bei dieser Bindung, wie schon beim Geist, wird die Seele durch ein Band gebunden. Es muss silbern gestaltet sein, um das Universale nicht zu missachten, um den Astralkörper an den stofflichen Körper zu binden. Wir müssen die Lebenskraft derart verdichten, dass sie wie die Sonne scheint, beim Astralband muss die Imagination genauso stark sein, aber silbrig. Da die Matrizen „oben" wie „unten" doppelpolig sind, halten sie selbst, sie ziehen sich sogar an die jeweiligen Körper an!

Die alten und die neuen Möchte-Gern-Alchimisten versuchten vergeblich die „Lebensbänder" aneinander zu knüpfen! Die merkwürdigsten Geräte aus Glas (damit man alles sieht) wurden erfunden. Es gibt mittlerweile an die 3000 Geräte, alle sehr teuer, aber auch die Wohlhabenden kommen zu keinem Ergebnis. Gerätschaft ist schon wichtig, auch teuer, aber von Bedeutung sind folgende Geräte:

1. Destillator
2. Farbgläser
3. Schwarzglasflaschen
4. Bunsenbrenner
5. Kolben
6. Verbindungsstücke usw.

Der Mentalkörper wird mit Essenzen (Konzentrationen) beeinflusst, der Astralkörper wird mit Tinkturen (Auszüge), für den stofflichen Körper Salze, gegebenenfalls Extrakte beeinflusst. So können magisch-hochwirksame Medikamente hergestellt werden, es muss ja nicht gleich der Stein der Weisen sein, also die „Prima Materia". Dann wird nach viel Erfahrung, durch Herstellung der einzelnen Heilmittel das Wissen vertieft, man wird dann „hingerissen" zur Alchemie, nur wenn dies geschieht, wird das Tor zur Rückseite dieser Tarotkarte geöffnet. Die meisten können ja gar nicht ermessen, was der „Rote Löwe" ist, daher kann ich hierzu nur bedingt Stellung nehmen! Nun würde ich wieder gern aufhören zu schreiben, weil gleich einige sehr abstrakte Dinge zum Ausdruck gebracht werden. In der Alchemie ist auch der Saturn von besonderer Bedeutung. Wir wissen von 49 Genien nebst 49 Gegengenien, das ist aber nicht das besondere, eher ist es Akasha, welches von diesem Planeten für unseren Makrokosmos ausgeht. Ihm ist die Zahl drei analog und gerade diese steht für Akasha (man lese es in der „Quabbalah"). Ist es nicht merkwürdig, dass selbst hohe Eingeweihte diese Ebene scheuen? Steht nicht auch geschrieben, das gerade die Göttliche Vorsehung Steine in den Weg legt, um uns zu prüfen? Hier ist die dunkle Merkwürdigkeit klar zu spüren. Es ist der Planet und seine Ebenen des Gerichts. Nun, wer straft? Auf dieser Ebene das Gericht, welches ein Strafmaß ausrichtet. Aber es ist oben wie unten gleich. Hier liegt wieder ein tiefes Schöpfungsgesetz! Denn von diesem Saturn geht letztlich ja auch das Gesetz der Evolution aus, also der Entwicklung! Nun habe ich einige Male gesagt, das die Sonne der Mittelpunkt ist, also auch Akasha! Einmal hell, einmal dunkel, man könnte im Anbetracht dieser Zeilen dazu neigen, die Richtigkeit zu verlieren. Wir lassen uns aber nicht beirren, weil wir kosmische Gesetze kennen. Am trefflichsten wäre das kosmische Gesetz: „Durch die Nacht zum Licht", welches beides Akasha bedeutet. Aus dem Menschen wird ein anderes Wesen entstehen, durch kosmische Alchemie. Als erstes wird der Mensch astralisch unsterblich gemacht, was zur Folge hat, sich immer mehr zu vergöttlichen. Sehen wir uns Christi-Himmelfahrt an. Er hat soviel astrale Elemente verdichtet, dass er materiell tastbar wurde. Und mit diesem dichten Körper erhob er sich, bis er den Augen entschwunden war. Es gibt aber viele Berichte der Himmelfahrt! Nun kommen wir dem Geheimnis der so genannten „Göttlichen Ebene" näher. Sie ist raumlos, oder räumlich, sie ist zeitlos aber auf Wunsch zeitlich! Das ist der Plan der reinsten schöpferischen Ebene, wo man „Allgegenwärtig" sein kann, oder förmlich! Hier finden wir die höhere Erklärung von Saturn und Sonne, diese Akashakräfte sind es, die dies ermöglichen. Akasha ist immer gleich, äußert sich aber in verschiedenen Gesetzen.

Nun ist die Vorderseite der fünften Tarot-Karte beendet. Man beachte in den geschriebenen Zeilen den oberen und unteren Kaiser und die kosmischen Zusammenhänge. Der Alchimist bedenke dieser Worte, weil hier Gesetze stehen, die er erst begreifen muss!

Ende der Vorderseite der Alchemie – Anion

Eine Adonistische Geschichte

Vorwort:

Dies ist ein ganz außergewöhnlicher Roman, wie er bis jetzt in der okkulten Romanliteratur noch nie geschrieben wurde. Verfasst wurde er von Anion, der sich ja schon durch mehrere hermetische Bücher einen Namen machte.

Diese hermetische Geschichte könnte man als eine adonistische Metapher sehen, die ganz stark an die Wirklichkeit angrenzt, ja sie sogar überschreitet. Somit ist sie hermetisch. Aber wer kann das schon beweisen? Sie ist symbolisch und doch wieder real. Es hört sich manchmal so an, als wäre der Autor selbst dabei gewesen, aber wer kann das schon behaupten?

Wichtig ist noch zu bemerken, dass man sich nicht an zeitliche Abläufe binden soll, denn im Akasha, wo diese Geschichte gelesen wurde, existiert keine Zeit!

Zur Bewerkstelligung dieses Romans wurden adonistische Lehren hermetisch übersetzt und der Rest wurde hellsichtig ermittelt, so dass eine schöne Geschichte entstehen konnte.

Hohenstätten

1. Teil

Vor undenklichen Zeiten begab es sich, dass im Lande des Lichts, in der Astralebene, die wie alles aus den 4 Elementen erschaffen wurde, zwei göttliche Menschen über die Entstehung der Welt sprachen. Das Eine hieß „Sie", das Andere „Er". Sie schauten auf das Wasser aus reinem Licht, sie spürten wie die Ewigkeit aus ihm hervorging. „Er" war sehr wissbegierig, also sprach er:

„Wenn wir allem Sein auf die Spur kommen wollen, so müssen wir zum Tempel der Mitte, Shamballa, denn in der Mitte entsteht alles, in der Mitte vergeht alles."

„Sie" war sehr angetan von diesen Worten, also gingen sie durch einen Wald, dessen Bäume aus reinem Licht geformt waren. Sie wären auch mit Hilfe ihrer Gedanken augenblicklich ans Ziel angelangt, jedoch wollten sie sich in allem Geschaffenen baden. Ein Reh, welches auf der irdischen Ebene das Symbol der „Scheuheit" ist, schaute die Beiden vertrauensvoll an. Es wich auch nicht als die Beiden nahe an ihm vorbei gingen, um zielbewusst ihren Weg fortzusetzen. Sehr bald hatten sie den Lichttempel erreicht. Er symbolisiert alle Macht, alle Liebe, alle Weisheit und die Unendlichkeit gemäß den 4 Elementen. Symbole bedeckten seine Außenwand, die nur von den höchsten Wesen erkannt werden konnten. „Sie" sprach:

„Wir haben keinen Eintritt, denn die Blauen Mönche – die Brüder des Lichts – bewachen den Eingang."

Die Blauen Mönche hatten schon vor vielen Jahrmillionen ihre Vollkommenheit erreicht, das bedeutet, sie waren astral unsterblich.

Ein mildes Lächeln ging über sein Gesicht, in dem er sagte:

„Wir werden nicht in den Tempel eintreten, weil dieser ja ein Symbol aller Göttlichkeit ist, deshalb lebt ein jedes Symbol auch von außen; um uns Auskunft geben zu können."

Also reichten sie sich die Hände, gingen auf den ersten Buchstaben zu und berührten ihn gleichzeitig. Alsbald verfinsterte sich die Umgebung und ein drohendes rotes Licht wurde sichtbar. Ein hässlicher Dämon erschien. Die Augen blitzten voller Jähzorn und Tücke, auf seinem Kopf allerdings glitzerte ein prachtvolles Licht wie eine Krone und die beiden erkannten in ihm einen großen Fürsten der Dunkelheit, Baphomet, ausgestattet mit anmaßender Intelligenz. Er wandte sich voller Wut zu den Beiden und sprach:

„Was starrt Ihr mich an, denkt Ihr Euer lichter Körper und herrliches Aussehen macht Euch besser als mich?"

Stolz hob der Dämonengott den Kopf. „Sie" sprach nun folgende Worte und in ihrer Stimme lag die Sanftmut aller Weiblichkeit:

„Was macht dich so stolz?"

Der Dämon antwortet verächtlich:

„Was ist Eure Vollkommenheit, so ich nicht hässlich und unvollkommen bin. Ihr seid nur das lichte Abbild von ein und demselben Gedanken von dem auch ich stamme. Wäre meine Unvollkommenheit nicht, wo wärt Ihr dann vollkommen? Also bin ich im Besitz der Vollkommenheit und der Unvollkommenheit!"

Betroffen schaute der Philosoph in die gelben hässlichen Augen des Wesens. Benommen sprach „Er":

„Du bist unser Schatten, so wie wir Dein Schatten sind und es bedarf keines Streites, denn auf Deinem Haupt ist Licht!"

Die Beiden ließen vom Buchstaben ab und das Bild verblasste. Liebevoll lächelten sie sich zu, denn beide hatten den weisen Sinn des ersten Buchstaben verstanden. Ohne lange zu zögern, berührten sie den nächsten Buchstaben. Wieder fand eine seltsame Verwandlung statt. Alles Licht war verschwunden. Sie waren im Nichts, im Akasha, welches ihnen vorkam, wie ein unendliches Ungeheuer, welches seit Ewigkeiten schlief. „Sie" wollte ihm etwas sagen, aber im Nichts gab es ihn nicht. „Sie" konnte auch nicht ihre Hand vom Buchstaben nehmen, denn im Nichts gab es nichts.

Plötzlich schien es, als würde in weiter Ferne ein Punkt sichtbar, es deutete darauf hin, dass das Ungeheuer zu träumen begann. Der Punkt wurde rasch größer, „Sie" wurde nahezu geblendet, obwohl „Sie" selbst ein gleißendes Lichtwesen war. Die Kugel teilte sich vor ihren Augen und „Sie" sah das Abbild einer herrlichen Kaiserin. Die zweite Hälfte der Kugel formte die Gestalt eines herrlichen Kaisers. „Sie" nahm allen Mut zusammen und sprach zu den Beiden.

„Wer seid Ihr?"

Der Kaiser sprach:

„Ich bin der Erste"

Voller Demut sank das lichte Wesen auf die Knie, denn was „Sie" sah, war Gottvater und Gottmutter. Die Ausstrahlung der Beiden ließen Wonne und Glück in dem Wesen aufkommen, denn es erkannte die Eltern aller Schöpfung.

Nun sprach der Kaiser ein zischendes quabbalistisches Wort, fast hätte sich das Wesen erschrocken, doch aus dem Wort wurde Licht. Nun sprach Sie ein Schöpferwort, es hörte sich an wie eine gläserne Glocke, sofort begannen Farben in das Licht zu spielen. Aus ihnen formte sich ein Jüngling. So sprach der Kaiser:

„Du seist das Recht!"; und nochmals sprachen beide ein kaiserliches vierpoliges Schöpferwort und es entsprang Licht in allen Farben und herrlichen Klängen. Es geschah nun, dass ein herrlicher Prinz und eine herrliche Prinzessin entstanden. Alle fünf Wesen waren Götter. „Sie", das Lichtwesen verlor dadurch beinahe das Bewusstsein.

Für einen kurzen Augenblick nahm „Sie" ihre Hand und den Buchstaben, worauf sie ruhte, wahr. Mit letzter Kraft riss „Sie" sich los. Sofort befand „Sie" sich neben ihrem lichten Freund. Tiefsinnig schaute „Er" auf den Buchstaben und sprach.

„Selbst für uns Lichtwesen sind manche Geheimnisse zu tief, als dass wir sie ohne Gefahr für unser Bewusstsein ergründen könnten."

Sie gingen zu einem nahen Berg, der in reinem Licht strahlte, bis tief in ihr Bewusstsein hinein. Hier holten sie sich die Kraft, um die schwere Aufgabe zu erfüllen, erstmals in der Welt des Lichtes die Kunde der wahren Schöpfung ihres Landes zu ergründen.

Ein herrliches blaues Licht drang vom Tempel der Mitte herüber, denn ein Mönch schritt würdevoll die Treppe des herrlichen Gebäudes hinab. Langsam näherte er sich den Beiden. Voller Demut neigten „Er" und „Sie" die Häupter. Eine unendlich liebevolle Stimme, deren Worte sofort die Symbolform sichtbar annahm, drangen aus dem Mund der verkörperten Göttlichkeit:

„Ihr seid dereinst bestimmt eine andere Welt zu bevölkern, darum haben wie Brüder beschlossen, Euch alle Geheimnisse der Schöpfung kund zu tun. Ihr sollt alle äußeren Geheimnisse des Tempels kennen, um später das herrliche Innere, welches die Gottheit selbst darstellt, zu sehen. Bei Eurem zweitem Erlebnis ist sie Euch als Ungeheuer erschienen, weil Ihr sie nicht begreifen könnt. Dies ist aber nur bei der äußeren Betrachtung so. Innerlich betrachtet, wird Euch klar bewusst, dass nicht etwa ein Ungeheuer träumte, sondern die Göttliche Vorsehung aus sich die Schöpfung tat. Doch später mehr davon."

Der Mönch lächelte, bevor er würdevoll im Tempel verschwand.

Beglückt nahmen sie ein dünnes blaues Band wahr, welches Sympathie und Zusammengehörigkeit spüren ließ. Der Mönch hatte dies als Segnung zurück gelassen. Beide erkannten, dass sie einstmals ein Wesen waren, sie erinnerten sich plötzlich daran, dass die Säule der Pforte am Tempel der Mitte sie entzweite. Aber sie erinnerten sich genau, keine Schmerzen empfunden zu haben, denn das göttliche Licht in ihnen sprach von einer großen Aufgabe.

Voller Erwartung schritten sie erneut zum Tempel, denn sie wussten nun von der heiligen Aufgabe. Eigentlich lag die heilige Stätte mitten im grün leuchtenden Wasser, aber die beiden gingen Hand in Hand darüber. Ein Schwarm bunter Fische glitt lebensfroh unter ihnen hinweg, denn diese Welt war voller Leben, welches unsterblich war!

Der Tod hatte hier keine Herrschaft, denn er war in unteren Ebenen tätig.

„Lass uns **forschen**", sprach der Philosoph, aber „Er" schien sich seiner Sprache nicht sicher zu sein. „Sie" erkannte augenblicklich seine innersten Gedanken, so ist es halt in dieser herrlichen Welt. Ihre Augen strahlten, als „Sie" die ungestellte Frage beantwortete:

„Du bist Dir nicht sicher, ob dies die Wirklichkeit ist, in der wir uns jetzt befinden, oder ob die Welt, in welche wir uns versetzen mittels der Buchstaben die Wirkliche ist. Da mir mein Schöpfer sehr viel Gefühl gab, so empfinde ich beides als wirklich. Hier gibt es keine Zeit, keinen Morgen, kein Gestern nur absolutes Sein, also geschieht auch das Erlebte im gleichen Moment, in dem wir es erleben"

„Du hast recht", sprach der Philosoph, „denn im AUM ist alles gegenwärtig, der Geist muss sich allerdings darauf einstellen. Ein jeder Buchstabe entspricht einem gewissen Gesetz, des Alles in Allem."

Sie hatten die Tempelmauer erreicht, um dem nächsten Symbol ihre Aufmerksamkeit zu schenken. Nachdem sie es berührten, versank die vertraute Welt. Sie spürten eine starke Machtausstrahlung. Der erstgeborene Prinzgott erschien. Sie sahen, dass er ein wundervolles weibliches Wesen bei sich hatte. Es war aber keine Göttin, dies erkannten die Beiden sofort. Der Gottprinz umarmte sie voller Zuneigung und sprach seltsame Worte – Formeln – in das glänzende Wesen, welches aber qualvolle Worte von sich gab, halb erdrückt von der Macht des Gottes. Es entstand eine farbige Kugel, welche immer größer wurde. Sie sank tiefer und wuchs. Immer heftiger sprach der Große, Mächtige, immer qualvoller waren die Antworten des weiblichen Wesens. Eine Erdkugel entstand, welche nicht ausgeglichen war, denn nur was aus Liebe entsteht, ist gut! Er war jedoch voller Leidenschaft.

Es entstanden grauenhafte Ungeheuer aus der Schöpfung des Mächtigen.

Da geschah etwas Fürchterliches: Das gequälte Wesen hielt den gesprochenen quabbalistischen Schwingungen nicht stand. Es blitzte grell auf, und nur tausend Lichtpunkte blieben von dem Wesen über. Alsbald starben alle Ungeheuer und die erschaffene Welt zerbarst. Voller Unglück sah der Mächtige das Geschehen, er wurde zornig. Grausamkeit strahlte er nun aus. Er zog sich in die Unendlichkeit zurück zur Trauer, aber auch um Rache zu Sinnen.

Der Philosoph befand sich mit der Gefährtin wieder neben dem Tempel. Sie hatten ungeheures erlebt. „Er" war sehr weise, da „Er" das Erlebte aussprach.

„Die Schöpfung konnte keinen Bestand haben, weil der Machtvolle zu viel Kraft hatte, das Wesen jedoch zu wenig Stoff, denn sie war keine Göttin, sondern eine Göttliche. So konnte sie ihn nicht ertragen. Er zwang sie jedoch, bis sie verging und mit ihr seine Schöpfung."

Entsetzt rief „Sie" aus:

„Wer denkt sich solch eine Grausamkeit aus?"

„Er" antwortet schlicht:

„Das Ungeheuer träumt doch nur!"

Als „Er" dies aussprach, wurde Beiden warm ums Herz. Seit Ewigkeiten hatten beide dieses Gefühl nicht. Es war ein Zeichen, dass die Göttlichkeit zu ihnen sprechen würde. Sie ließen sich nieder, um große Demut zu zeigen. Da vibrierte das Innerste der Beiden. In ihr brannte sich das Wort „Eva" ein, in ihm aber „Adam", welches bedeutet: Die herausrufende Erdgeborene – der weise Lichtsuchende.

Hier endet die erste Chronik, welche in den Gedanken eines uralten Wesens zu Grunde liegt!

2. Teil

Im Lande des Lichtes gibt es keine Städte, wie wir Erden- menschen sie kennen. Einzelne Gebäude deuten auf eine Siedlung hin. Die Fassaden waren schön geformt, denn es gab hier keine Namensschilder. Vielmehr konnte man in Symbolform die Eigenschaften und somit den wahren Namen sehen.

Adam bewohnte mit Eva ein sehr schönes Haus. Eine Wolke zog dahin und aus ihr regnete es Leben. Pflanzen, Tiere und Menschen labten sich daran. Alles begann stärker zu strahlen. Regen im Lande des Lichtes deutet auf Ewigkeit des Lebens hin.

Im gleichen Haus gab es einen Raum mit Altar, in dem Gott verehrt wurde. Arm oder reich gab es nicht, dumm oder klug war auch niemand. Ein jedes Wesen war jedoch anders geartet, doch so verschieden die Wesen auch waren, verehrten sie alle das Gleiche. In der Welt, in der sie lebten, offenbarte sich die Gottheit in allem was war, am stärksten aber im Licht. Dieses war hier heilig.

Niemals wurde es hier Nacht, niemand brauchte Schlaf. Die Ruhe der Meditation stärkte alle Menschen. So auch Adam und Eva.

Sie begaben sich in ihren heiligen Raum, um die Erlebnisse am Lichttempel zu durchdenken. Ein Duft lag im Raum, als beide sehr reine Gedanken hatten. Die Luft begann zu flimmern. Immer deutlicher wurden zwei Gestalten sichtbar, welche so erhaben waren, dass der Raum erglühte. Eine männliche und eine weibliche Gestalt wurden sichtbar, goldene Strahlen umgaben den Erschienenen, nur seine Augen waren noch heller. Es schien, als könne er in die Tiefe damit schauen. Eine wohlklingende Stimme im Herzen Adams und Evas sprach:

„Ich bin Adon-is, der Sohn des Kaisers. Neben mir steht Istar, meine Schwesternseele, die Tochter des Kaiserpaares."

Istar strahlte in einem merkwürdigen Silber, welches mit irdischen Worten nicht beschrieben werden kann. Sie war das absolut Weibliche, eine göttliche Anziehungskraft ging von ihr aus.

Nach kurzer Pause sagte Adon-is:

„Ihr seid die ersten Menschen die uns sehen, weil Götter nie mit euresgleichen verkehren. Aber das Gesetz, dem auch wir unterstellt sind, gebot uns, auch Euch an der Schöpfung teilhaben zu lassen. Ihr wart ja bereits dabei, als der Schöpfungsversuch unseres Bruders mit der göttlichen Maloma misslang. So wie nun unsere Eltern vor Ewigkeiten diese lichte Welt schufen, sind wir nun berufen, eine Schöpfung zu vollbringen, welche euch Menschen die Möglichkeit gibt, sich mit dem Urleben zu vereinigen."

Plötzlich war die vertraute Umgebung abermals verschwunden. Ein Nichts war wieder. Adon-is war mit Istar in die Unendlichkeit, in das Akasha getaucht. Was dann geschah, kann nur verblasst in Worte gekleidet werden. Adon-is begann in leisen quabbalistischen Tönen zu „singen". Istar nahm die Farben des Liedes auf und begann zu strahlen. Alsbald begann sie ebenfalls liebliche Schöpfertöne von sich zu geben. Ein Flimmern begann überall, herrliche Farben sprühten auf, aus denen sieben sich sonderten. Sie wurden zu göttlichen Wesen und stimmten in das quabbalistische Schöpfungslied ein, jedes in einem anderen Ton. Aus einem sehr hohen vierpoligen Ton entstand ein Licht, dies sollte die Sonne werden. Der dies tat, nannte Adon-is „Metatron".

Die Erde war im Astralen ebenfalls vorhanden. Sie war die Sphäre der Farben, ihr göttliches Wesen war „Aschmunadai". Dem geistigen Auge war die Schöpfung bereits sichtbar.

Die göttlichen Wesen bevölkerten diese Welten, so auch Aschmunadai und Lilitha (siehe „Evokation" von Franz Bardon), sein weibliches Abbild, seine Schwesternseele. Sie vereinigten ihre Geister, um so die astralen Menschen zu schaffen. So schritt die Schöpfung fort.

Adam und Eva waren in Verzückung geraten, bei all dem herrlichen Geschehen. Nun sprach Istar:

„Um den festen Stoff zu erzeugen, müssen wir eins werden, denn nur mit größter Liebe und magischer Ausgeglichenheit lässt sich dies erreichen."

Sie schritten ineinander und begannen ein tantrisches Lied, welches der Kosmos noch nie gehört hatte, zu singen. Gewaltige Ströme gingen von Beiden, die eins waren, aus. Gemäß der 4 Elemente ergossen sich rote, blaue, grüne und gelbe Strahlen auf die göttlichen Geschöpfe, welche diese wieder umformten.

Als Adon-is und Istar die höchste Schöpferliebe erreichten, erstarrte alles im All. Ein gewaltiger Blitz ging durch alles und versetzte alles, was bisher unsichtbar war, ins Sichtbare. So ist unsere Erde und alle Sterne das höchste Liebesgefühl des Schöpferpaares in erstarrter Form. Es dauerte eine Weile, bis sich die Weltkörper stabilisierten, aber bald schon sahen Adam und Eva die Erde in ihrem herrlichen Blau.

Eva dachte beiläufig an die Blauen Mönche, welche eine ähnliche Ausstrahlung hatten.

Es war schon viel Zeit vergangen. Adam und Eva lebten in der astralen Welt, um sich vorzubereiten für das herrlich blaue Gestirn.

Immer mehr Menschen kamen aus der Lichtwelt, um mit Aschmunadai, Lilitha und anderen göttlichen Wesen zu sprechen, was eben auf diesem blauen Planeten zu erreichen war.

Aschmunadai und all seine Untergebenen beherrschten ebenfalls die Sprache der Schöpfung, welche Quabbalah genannt wird, denn dies war ihnen von Adon-is mitvererbt worden. Auf dessen Geheiß wurden Tiere und Pflanzen geschaffen. Die 4 Elementefarben, die Adon-is und Istar über die Schöpfung gossen, waren belebt.

Die braune Farbe, das Erdelement, erhielt kluge, kleine Gnome. Diese halfen bei der Schöpfung von Kristallen und Pflanzen.

In der blauen Luftfarbe befanden sich Wesen, Sylphen, ähnlich den Menschen, nur waren sie sehr scheu. Sie halfen bei der Schöpfung der Vögel.

Im grünen Element, das zum Wasser gehört, waren sehr schöne, menschenähnliche Nixen. Diese begannen Fische, Muscheln, als auch jegliches Wassergetier zu schöpfen.

Nur die rote Farbe schuf keine irdischen Geschöpfe, denn die Bewohner dieses Feuerelementes waren sehr unruhig. Sie gaben aber einem jeglichem Getier die Lebenswärme, das elektrische Fluid und die Aktivität. Sie wurden Salamander genannt.

Alsbald wurden Mineralien, Pflanzen und Tiere sichtbar. Nur der Mensch begab sich bislang unsichtbar auf diese Welt, um ihre Gesetze zu studieren.

3. Teil

Die Welt glich der Lichtzone sehr genau. Ein Königreich ohnegleichen war geschaffen, in dem sich der Mensch erfreuen sollte.

So nahm dann Adon-is von den 4 festen Elementen, um einen Körper zu formen, der dem eigenen Aussehen sehr glich. Adam war gerührt vom Ebenmaß des Körpers, der dem Schöpfer so sehr glich, dass Adam mit Freude sein Leben an diesen band. Das blaue Band der Sympathie, welches Adam und Eva verband, veranlasste Adam immer wieder dazu, seinen Körper zu verlassen, um mit seiner lieben Partnerin Gedanken auszutauschen.

Istar ließ dann ebenfalls einen Körper entstehen, der an Schönheit auf dieser Welt niemals mehr zu finden war. Nun war Adam nicht mehr geneigt, die grobe Welt zu verlassen, denn er fand sehr bald gefallen an Evas Körper. So geschah es, dass beide dem Schöpferpaar nachahmten, in größter Liebe für einander.

Es gab keine Nacht in „Eden", denn die Erde drehte sich noch nicht. Keine Kälte, kein Sturm existierte, denn die Elemente der Erde waren vollkommen ausgeglichen. Die schönsten Bäume wuchsen mit den herrlichsten Früchten, die zu Ehren dem Schöpferpaar geweiht zu sich genommen wurden.

Eva gebar Kinder, doch war dieser Vorgang anders als heute. War der Zeitpunkt der Geburt gekommen, verfiel Eva in einen glücklichen Zustand. Entrückt von dieser Welt, segnete sie das Kind, welches ohne jedes Weh die Welt betrat. Adam war damals im Zwiegespräch mit Aschmunadai. Die

Unsichtbaren gaben schon vor der Geburt den Eltern die besten Ratschläge zur Schulung des Wesens. Vor allem aber kannten Adam und Eva das Wesen, welches sich verkörperte, schon vorher.

Die Unsichtbaren sahen, wie wohl es den Menschen ging. So materialisierten sie sich auf diese Welt. Alle Tage wurde der Schöpfer gepriesen. Der größte Gottesdienst auf Erden war aber die sexuelle Vereinigung von Mann und Frau. Keine Gier gab es, denn die Menschen sahen Adon-is und Istar vor den Augen, die auf ähnliche Art das Weltall ins Leben riefen. So begriffen die Menschen den Akt der Liebe als Religion, denn es gab nur Reinheit. Sie waren nämlich noch nicht so sehr verdichtet.

So vergingen etwa „1000" symbolische Erdenjahre, welche paradiesische Jahre waren. Adon-is wurde von allen Menschen geliebt als der Schöpfer und dieser wiederum segnete die Menschen.

Doch aus den Tiefen des schlafenden Ungeheuers stach Moloch hervor. Voller Rache überfiel er Adon-is. Es entbrannte ein kosmischer Kampf. Die Wellen des Hasses trafen Adon-is und schmetterten ihn nieder. Als dann nahm Moloch die Erde für sich.

Nun wollte er sich Istars bemächtigen. Diese konnte ihn jedoch mit göttlicher Macht abwehren. Sie stieß ihm das Schwert der Liebe in seinen Kopf. Moloch taumelte und fiel zur Erde.

Zuvor hatte er eine Vielzahl von Geschöpfen auf seine Seite gezwungen. Das Gleichgewicht auf Erden war gestört. Die Erde begann sich zu drehen – die 4 Elemente wurden dichter – es gab schreckliche Unwetter und die Menschen litten unter den Zuständen. Sie trauerten um Adon-is und wollten diese Welt verlassen, jedoch, es gab keinen Tod. Die Menschen waren Gefangene des grausamen Gottes, der sie quälte Tag und Nacht, denn es gab noch keinen Schlaf.

In göttlichen Regionen trauerte Istar um Adon-is. Dieser war nicht tot, denn Götter sterben nicht. Aber wenn dem Schöpfer die Schöpferkraft genommen ist, was stellt er dann dar?

Istar wand sich verzweifelt an alle Genien und göttlichen Wesen, die ihr treu geblieben waren, um mit deren Hilfe dem Schöpfer die Besinnung wiederzugeben. Ein Enkel des Aschmunadai fand das Glied der Schöpferkraft wieder. Istar begann sofort mit der Wiederbelebung. Es gelang ihr nach einiger Zeit.

Adon-is hatte eine unbeschreibliche Macht als Gegner – den Erstgeborenen des Kaiserpaares. Adon-is war ebenfalls voller Macht. Weisheit strahlte aus seinen Augen und er ließ zwei herrliche Bäume wachsen, ohne dass der

Andere ihn hindern konnte. Die Früchte dieser Bäume ließen die Verblendung, die Moloch schuf, von den Menschen fallen. So verbot Moloch unter schwerster Strafe von diesen Früchten zu essen.

Da Adam und Eva lange nicht mehr in Verbindung mit Adon-is waren, gehorchten sie. Da berief Adon-is den treuen Genius Siilla. Dieser legte sich als Schlange (vgl. das Siegelzeichen in der „Evokation" von Franz Bardon!) um den verbotenen Baum als Eva nahte. Nun wurde auch Siilla sichtbar, mit der Bekundung, von Adon-is zu kommen. Er konnte Eva überzeugen, dass die Früchte gut für sie waren, so dass sie wieder weise wurden. Eva gehorchte und gab auch Adam zu essen. Da sahen die Beiden was vorgefallen war und huldigten Adon-is. Dies ist die hermetische Geschichte vom Sündenfall.

Seither ist die Schlange das Symbol der Weisheit!

Moloch tobte und schlug die Menschen mit Krankheit. Von nun an war die Welt ein Jammertal. Adon-is hatte Mitleid mit seinen Geschöpfen und berief Immicat, ein schönes weibliches Wesen, die Menschen zur Nachtzeit in den Schlaf zu versetzen und somit ruhen zu lassen. Als Moloch dies sah, griff er nochmals Adon-is an, um auch die Herrschaft über die Astralwelt an sich zu reißen. Gott gegen Gott, Genius gegen Genius kämpften, allein Adon-is siegte. Nur die untere Astralwelt war nun im Besitz des Anderen.

Als das Ursein dies erkannte, verwandelte es sich in das unergründliche Schicksal, um das Gesetz von Ursache und Wirkung auch für alle Wesen geltend zu machen, vom niedrigsten Wurm bis zur höchsten Gottheit.

Allein Moloch gab die Welt nicht mehr frei. Immer neue Widerwertigkeiten dachte sich dieser aus, um so seinen Schöpfer zu peinigen. Der sandte jedoch den getreuen Urgenius Nahum, den Meister der Träume, um die Menschen im Schlaf zu belehren. Mit Trost erleichterte er das Dasein der Menschen. Moloch kreischte vor Wut, so dass ein mächtiges Gewitter losbrach.

Des Dämons Untergebene flüsterten den Menschen allerlei Unsinn ein. So sollte Kain ein Opfer bringen vom Felde, Abel aber sollte ein Tier seiner Herde opfern. Abels Opferung wurde angenommen, Kains Darbringung ward abgelehnt. Hier war der Same des Streites gelegt. Abel und Kain rauften sich fürchterlich und fügten sich schmerzende Wunden bei. Auf Geheiß Adon-is trat der Todesengel zwischen beide. Lange hatte Osrail – der ehemalige Sonnengenius mit blondem Haar – seine Arbeit verweigert, doch nun nahm er Abel den Lebensstoff, so dass dieser tot niedersank.

Kain erstarrte vor Schreck, denn der Tod war bislang unbekannt. Er rüttelte seinen Bruder, küsste ihn und strich über seinen Körper. Doch das Leben war mit Abels Seele und Geist in eine andere Welt gegangen. Der Körper blieb wie ein abgelegtes Kleidungsstück zurück.

Kain weinte bitterlich, hob seinen Bruder auf, um ihn zu Adam und Eva zu bringen. Diese waren voller Trauer. Der Moloch freute sich über das Leid. So rief Adam den Schöpfer an mit der Bitte, auch ihn und seine Partnerin zu erlösen.

Noch am gleichen Tag starben beide. Liebevoll wurden sie in der anderen Welt aufgenommen. Aschmunadai trat beiden entgegen. Sie waren sehr gewachsen im Geist und Aschmunadai selbst zollte ihnen alle Ehre. Er ließ ihnen an nichts mangeln. Bald hatten sie alle dunklen Gedanken vergessen und dies machte sie bereit, die irdische Ebene zu vergessen und erneut in die hohe Lichtwelt einzugehen.

4. Teil

Es ward sehr traurig auf Erden. Die dunklen Geister flüsterten den Menschen Entartungen ein, so dass sie schlimme Dinge taten. Das Weib galt nichts mehr, denn es war schwächer als der Mann. Die Liebe wurde in den Schmutz gezogen, wie alles was heilig war. Der Gottesdienst bestand jetzt aus Menschenopfern. Menschenblut wurde an den Altären der Tempel geräuchert, so dass Blutrausch auftrat. An der Qual der Sterbenden erfreuten sich die finsteren Dämonen. Sie kräftigten sich am Lebensstoff. Den Dämonen wurde gehuldigt durch sexuelle Ausschweif- ungen und bösartige Magie. Die Überreste von Baalbek, der ersten Stadt in der Geschichte der Menschheit, welche eine Verehrungsstätte des Dämonengottes Baal war, gibt davon ein trauriges Beispiel.

Nun war die Zeit gekommen, dass ein jeder Mensch besessen wurde. Sie vergaßen ihre Herkunft. Die Besessenheit machte sie zu Tieren in Menschengestalt. Die Schlimmsten unter ihnen wurden zu Menschenaffen.

Adon-is und Istar wandten sich in der Astralebene an Aschmunadai und dessen Nachkommen, denn hier konnte der Moloch nicht herrschen. Asamarc, eine hohe Intelligenz des Saturn, wandte sich von seinem geistigen Vater ab, da dieser in den Dienst des Molochs trat. Entgegen aller Gesetze flüchtete er vom Saturn, um in der Erdzone eine neue Heimat zu finden. Sata-Pessajah kam gar von einer anderen Sonne, dem so genannten Hundsstern (Sirius).

Sie alle berieten, was zu tun sei. Von den Blauen Mönchen kam ein rettender Gedanke. Sie schlugen vor, eine Brücke von der oberen Welt zur Unteren herzustellen. Dies war zu Beginn die Aufgabe des Götterpaares. Sie beriefen 12 der erfahrensten Wesen, unter ihnen auch Asamarc, um in die dunkel gewordene Welt zu tauchen, mit dem Auftrag, die Menschen zu erlösen, damit diese nicht alle zu Tiere wurden. Aschmunadai sollte das Geschehen aus der oberen Welt leiten. So wurde das Vorhaben „Der Bund des Aschmunadai" genannt.

Die 12 Wesen materialisierten sich auf dieser Welt, um Menschen für ihren wahren Schöpfer zu finden. Aber nicht einer war vorhanden. Die ältesten Menschen waren verbohrt und stumpfsinnig, die Jüngeren waren nur auf Kampf und Lust eingestellt. Als sie die schönen Jünglinge sahen, griffen sie sofort zu den Waffen. Verkommen, mit aller Wut von den Dämonen, wollten sie den ersten, Asamarc, vernichten. Dieser sprach aber ein quabbalistisches Wort, welche alle Angreifer lähmte. Der Hass wandelte sich in Furcht, so dass die, welche entkommen waren, die Kunde verbreiteten, es seien 12 Ungeheuer vom Himmel gekommen, um alle zu töten. So begann Nahum 120 Mädchen im Traum zu beeinflussen. Sie verloren einen Teil ihres Bewusstseins, somit auch den größten Teil ihrer Besessenheit. Es begaben sich jeweils 10 Mädchen zu einem Vorsteher. Diese begannen magischen Einfluss auf dieselben zu nehmen, um ihnen die wahre Religion zu erläutern.

Alle Belehrten begannen große Liebe zu ihren Lehrern zu entwickeln. So wurden sie zu Frauen von himmlischen Wesen. Eine von ihnen nannte sich „Saharzeh", das hieß: Die schwarze Seele. Sie gebar einen Sohn und zwei Töchter. Die Geister waren aber keine Erdgebundenen, sie kamen aus Regionen, die vom Anderen nicht berührt werden konnten. Es waren starke Geister, welche dem Moloch zu widersprechen vermochten, auch wenn er sie noch so sehr peinigte. Nach kurzer Zeit hatten sie erneut die Kraft, das Licht der Gottheit in sich zu tragen. Sie hatten den Namen ihrer Mutter erhalten, „schwarze Seele". Doch ihre Seelen waren keinesfalls verdunkelt. So nannten sie sich „Schwan", wegen ihrer Mutter.

Asamarc hatte ebenfalls Kinder, auf deren Körper er magischen Einfluss während der Schwangerschaft nahm. Diese waren etwas Besonderes. Sie hießen Thot, Imuteph, Mui und Paramuti. Wieder geschah etwas Wunderbares, denn in ihnen verkörperten sich Blaue Mönche, welche an Macht und Weisheit dem Schöpfer gleich kamen. Sie hatten einen geheimen Namen für Adon-is, nämlich „Urgaya" das bedeutet: Urgeistschöpfer!

Jeder der neu verkörperten „Menschen" besaß Urgayas vollstes Vertrauen. Sie waren auch mit seiner Geistigkeit vertraut. So geschah es, dass Thot-Hermes, Arion, bald ein mächtiger Herrscher wurde. Imuteph (der nicht Wilhelm Quintscher war!) wurde sein hoher Priester, so dass beide eine Macht entwickelten, die dem Moloch gefährlich wurde. Dieser setzte sich zur Wehr und ließ alle Wasser und Meere auf das Reich der Beiden zufließen. Die dunklen Wesen des Wassers triumph- ierten. Hermes maß seine Macht jedoch an jenem Element. Er evozierte den Kaiser des negativen Wasserelementes. Dieser wollte sofort weichen, doch ein magisches Wort hielt diesen gefangen.

Als dann sprach Hermes:

„So du mir nicht gehorchest, werde ich dich mit der Macht des Feuers auslöschen!"

Das Schwert in seiner Hand begann zu glühen. Das Elemente- wesen wand sich und winselte.

Hermes sprach:

„Ich habe als einziger Mensch die Macht dich zu töten, ohne dass dein Herr mich hindern könnte."

So fiel das Wesen nieder und sprach:

„Du hast mich bezwungen und mein Herr hilft mir nicht, so muss ich dir gehorchen."

Da sprach Hermes:

„An den Grenzen meines Reiches bleibe das Wasser stehen, ohne auch nur einen Zoll darüber zu gehen!"

Es begab sich, dass alle verdorbenen Menschen außerhalb der Grenze ertranken. Das Volk des Hermes huldigte seinen Herrscher, da sie am Leben blieben. Die 12 verkörperten „Sterne" sahen zufrieden, welchen Erfolg sie hatten, worauf sie zurück in die andere Welt gingen.

Moloch versuchte noch mit Feuer, Sturm und Erdbeben das Reich des Thot zu zerstören. Dieser aber bezwang alle Elementefürsten. Da stürzte sich der Dunkle auf Hermes. Dieser aber hatte keine Furcht, denn er dachte an seinen Auftrag, der ihm aufgetragen ward. Er hielt dem Moloch einen Fels entgegen und schrie:

„Dies ist nicht Dein, Du Dieb! Auch wenn Du Dich als Besitzer ausgibst!"

Eine gewaltige Macht hob symbolisch die Faust und schlug auf den Fels. Ein helles Licht blitzte im selben Augenblick durch die riesige Halle und fuhr in den Stein. Hermes musste alle Macht stauen, um dies auszuhalten. Seine Kleider begannen zu rauchen, sein blondes Haar fing Feuer, allein

Hermes fiel nicht. Ein zweites Mal fuhr die kosmische Macht in den Stein. Dünn rann Blut aus Mund und Ohren des Hermes. Ein drittes Mal schlug Moloch zu. Doch Hermes stand wie zuvor. Seine Haut war verbrannt, beide Hände gebrochen, das Herz halb zerdrückt. Aber er stand voller Würde, den Stein über seinen Kopf haltend. Da zog sich das Böse zurück.

Hermes stürzte zu Boden und Osrail stand bei ihm, um ihn zu erlösen. Doch Hermes sprach.

„Meine Aufgabe ist noch nicht erfüllt. Wenn ich Dich brauche, rufe ich Dich."

In diesem Moment betrat Imoteph den Raum, von Nehima gerufen. Er trat zu seinem Bruder und sprach eine geladene Runenformel, welche heilig und nur den Blauen Mönchen bekannt war. Sofort besserten sich Hermes Wunden, sie schlossen sich augenblicklich. Die Knochen wuchsen alsbald zusammen. Sie fielen sich in die Arme, denn der heilige Bund konnte weiter bestehen. Der Fels hatte sich in einen herrlichen Smaragd gewandelt. Von da an nannte sich Hermes „Der dreimal Große", weil er drei Schläge direkt von Moloch standgehalten hatte.

Alsdann sprach Hermes eine makrokosmische Quabbalaformel in alle vier Ebenen, so dass die Erde erbebte. Steinblöcke materialisierten sich um zu einer herrlichen Pyramide heranzuwachsen, das Symbol der Schöpfung. Ein unsichtbares Licht begann zu leuchten. Das Symbol des Schöpfers. Wer dieses schauen kann, sieht in die andere Welt, denn das Obere war mit dem Unteren verbunden.

Hermes lebte über 1200 Jahre mit Hilfe des Steins der Weisen. Er hinterließ der Menschheit die Magie, Imoteph die Urreligion, in Form des Isis- und Osiriskultes. Hermes aber die 78 Tarotweisheiten. Dieser Herrscher war so voller Ruhm, dass man heute noch von ihm spricht.

Es dauerte viele Jahrhunderte, bis Moloch wieder ganz in seinem Diebesgut herrschte.

5. Teil

Der Lichttempel bildet das Symbol für alle Weisheit, ein Inbegriff aller Religionen der Vergangenheit, der Gegenwart und der Zukunft, denn die lichte Welt unterliegt weder Zeit noch Raum. Man kann hier alles finden, was unter dem irdischen Begriff „Evolution" bekannt ist. Die Lichtwelt ist unveränderlich auf ewig!

Im Tempel der Mitte, er hat einen geheimen Namen, den ich hier nicht nennen möchte, dienen die Blauen Mönche, die höchsten Wesen der Hierarchie, deren Evolution zu Ende war, ehe die jetzige Menschheit bestand. Sie sind uralte Wesen, die auf bestimmte Weise die Gottheit selbst in sich verkörpern. Auf Erden nennt man sie gewöhnlich „Brüder des Lichtes". Sie lenken alles Geschehen in allen Ebenen. Hin und wieder verkörpert sich auch einer von ihnen, traditionsgemäß in männlicher Gestalt, obwohl sie geistig Hermaphroditen (von Hermes und Aphrodite) sind.

Sie wussten nun vom Anbeginn der Welt, dass das Schicksal einst dem Moloch die Herrschaft der unteren Welt geben würde. Sie begannen so zu wirken, dass der Andere nicht zu viel Macht haben würde. Immer wieder traten Lichtbrüder gegen den Moloch an. So sahen sie seine Macht wachsen.

Im Lichttempel gab es einen Raum, den nur der Älteste, Urgaya, betreten durfte. Seltsam war dieses Zimmer. Es schien im hellen Lila, in der Mitte schwebte eine blaue Kugel. Bei genauer Betrachtung sah man tausende und abertausende Sonnen, ja Milchstraßen in unzähliger Menge. Unsere Zahlen reichen nicht aus, um sie zu zählen. Was hier schwebte, war das ganze Universum. Aber was ist groß, was ist klein?

Wenn Urgaya den Raum betrat, war seine Gestalt größer als das ganze Universum. Die Göttliche Vorsehung war im Lila des Raumes vergegenwärtigt. Sie gab diesem Heiligtum die Unendlichkeit, kein Anfang, kein Ende – raumlos!

Wiedereinmal war eine Vollversammlung, die in der Lichtwelt nur alle 2000 Jahre stattfand. Ansonsten wurden die Versammlungen in der Erdgürtelzone jährlich wiederholt, wo der Lichttempel imaginativ nachgebildet wurde.

Bei der letzten Versammlung in der lichten Welt wurde beraten, wie dem Moloch das Übergewicht der Macht endgültig genommen werden könnte. So sprach Urgaya folgende Worte:

„Die Macht des Moloch steigt stetig, das Gleichgewicht der Erde ist wieder so gestört, dass sie zu bersten droht. Wenn das so weitergeht, würde sie durch einen Weltkrieg zerstört werden. Akasha, unser Gott, ist aber das Gesetz der Ausgeglichenheit. So gebietet er, unter allen Umständen die Welt zu retten. Bruder Jesus, Deine Aufgabe ist es, Dich zu verkörpern. Du wirst in Bethlehem von einer Frau geboren, welche sich Maria nennt. Ein hohes Wesen hat die Frucht mittels Quabbalah in ihrem Leib verdichtet. In neun Monaten wird sie Deinen Körper gebären. Du hast die Aufgabe, diesen Körper vorzubereiten, um den Schwingungen der lichten Welt standzuhalten. Ein normaler Körper würde aufleuchten und nichts wäre von ihm übrig, denn die Gottheit ist eine zu gewaltige Kraft, wenn sie sich in einem Sterblichen verkörpern sollte! Du musst also die Macht aufbringen, den Körper in einen geeigneten Behälter für die allmächtige Schwingung umzuwandeln, den nichts töten kann. Bitte, bereite Dich vor."

Bruder Jesus verneigte sich tief, um dann sofort den Sitzungsraum zu verlassen. 12 andere Wesen wurden ebenfalls beauftragt sich zur gleichen Zeit zu verkörpern. Sie gehörten aber, bis auf einen, der unteren Hierarchie an. Jeder von diesen 12 Aposteln sollte sich Wesen aus der Astralwelt aussuchen, um sich ebenfalls zu verkörpern, die späteren 72 Jünger. Und so geschah es!

Zur eigenen Geburt fuhr Bruder Jesus, er hieß in Wirklichkeit „Joschuah", hinab zur Erde. Der nächtliche Himmel wurde erleuchtet, ein gleißender Stern sank langsam hinab, verweilte einen Augenblick bei Maria, die wie in alten Zeiten die Geburt in Trance erlebte. Sie erschaute Joschua, wie er in den Körper des Kindes fuhr. Als sie erwachte, lag ein herrliches Wesen in der Krippe, welches von einem hellen Schein umgeben war. Es dauerte zwei Monate, bis der Schein erblasste, denn das Kind erzeugte allzu viel aufsehen. Nur die blauen leuchtenden Augen behielten einen undefinierbaren Ausdruck. So wuchs das Kind heran, allen Menschen an Wissen und Weisheit weit voraus. Des Nachts sprach Joschuah geladene Formeln, gemäß seines Auftrages, um das Kind vorzubereiten.

Indessen wurde in der Lichtwelt mit allem Wissen und aller Macht die Gottheit angerufen. Urgaya ging in den Raum des Universums, um sich zu versenken. Er wurde durchsichtig, so stark verband er sich mit Akasha. Heilige Gebete in reinem Quabbalah sang er nun, bis er in absoluter Verzückung war. Nun begannen Dinge, die nur Urgaya kennt.

Als er nach langer Zeit den Raum verließ, sah man ihm an, dass etwas Großes geschehen war. Ein Zittern ging vom Tor des mittleren Raumes aus, denn hier formte sich aus dem Akasha eine Gestalt, die sich nicht beschreiben ließ! Als sich das Tor öffnete, fielen alle Blauen Mönche demütig auf die Knie, denn hier hatte die Vorsehung selbst Gestalt angenommen. So gerieten alle in Verzückung, denn etwas Vergleichbares gab es nicht! Sie hörten Klänge, die sich wie werdendes Leben anhörten!

Dann war alles vorbei, denn die universelle Akashagottheit Christus war zur Erde gefahren. Erst jedoch brachte er die irdischen Elemente ins Gleichgewicht.

Moloch griff die unbekannte Macht an, doch jeder Schlag, dem er der Gottheit zufügte, spürte er verdoppelt am eigenen Geist. So musste er ablassen. Er spürte sich vom Thron geworfen, denn er herrschte nicht mehr allein.

Dann fuhr Christus in den Körper von Joschua, welcher zurück in die lichte Welt durfte. Das neue Testament berichtet vom Austausch bei der Taufe durch Johannes den Täufer und erzählt sehr viel vom Leben Christus. Moloch aber sah, dass die Gottheit in den Körper eines Menschen gefahren war. Er witterte einen Vorteil. Die Besessenen wurden aufgewiegelt, so dass Christus ans Kreuz genagelt wurde. Sein Blut benetze die Erde, somit aber auch sein göttlicher Geist, der eine gewisse Wirkung hervorrufen sollte. Er hatte sein Blut mit dem Stein der Weisen geladen, welcher die ganze Welt umwandelte.

Moloch erkannte zu spät seinen Fehler, denn von nun an musste er Tag um Tag um seinen vermeintlichen Besitz kämpfen, denn alle Menschenkörper hatten durch dieses Opfer Substanz von diesem Gottesgeist bekommen.

Nun war Christus mitnichten am Kreuz gestorben. Er hatte sich wohl aus seinem Körper zurückgezogen und sich in die niedere Astralwelt begeben. Die Verbindung zu seinem Körper hielt er durch das silberne Astralband aufrecht. Nach drei Tagen kehrte er in den Körper zurück, um seinen Aposteln von seiner göttlichen Kraft zu geben. Seine Gestalt hatte das Aussehen eines Lichtwesens. Christus war also erfolgreich in seiner Mission. Nach einiger Zeit verabschiedete er sich, alsdann stieg er zum Himmel auf.

Christus begab sich dann auf dem Luftweg schwebend nach Kaschmir, um dort ein Kraftzentrum gegen den Anderen aufzurichten. Nach hundert Jahren verließ Christus die Erde, um die Lichtwelt zu betreten. An ihn erinnert in Kaschmir sein Grab, an dem man eine Statue mit den Wundmalen noch heute sieht! Er begab sich zum Tempel der Mitte, belehrte alle Lichtbrüder, um dann im Zimmer des Universums zu verschwinden. Langsam löste sich seine Gestalt auf, bis sie wieder eins war mit Akasha, dem Allgegenwärtigen!

Diese Geschehnisse waren die bisher erfolgreichsten Schläge gegen Moloch. Er hatte seither nur noch die halbe Macht auf Erden und sein Ende war gesetzt!

6. Teil

Tief beeindruckt von dem persönlichen Eingreifen der Göttlichen Vorsehung, begannen die höchsten Wesen des Universums tiefe Demut anzunehmen. Ihre Meditationen gingen weiter als alles was der normale Mensch je denken könnte. So ein Wesen wie Christus war ihnen in ihrem langen Leben noch nie begegnet, obwohl die Blauen Mönche durchaus mit Gottheiten verkehrten.

Die Sehnsucht, eine neue Begegnung mit der Akashagottheit zu haben, wuchs ständig und weil sich alles realisierte, was sich die Mönche wünschten, bekam der Lichttempel eine violette Farbenschwingung. Die Brüder nahmen alle den Göttersitz, das ägyptische Asana ein, denn sie erkannten die langerwartete Schwingung. In jedem begann eine Stimme, tief in ihrem Innersten zu sprechen:

„Meine lieben Diener, ich habe Euer Flehen gehört. Ihr sollt einen Teil meines Wesens kennenlernen. Euer Bewusstsein nimmt meine Quantität auf, Eure Tugend meine Qualität. Mein Wesen ist nicht wie ihr es seid, denn ich bin das Spiegelbild der Gottheit, die kein Wesen erkennen kann. Hier sind die Gesetze meines Erscheinens in Eurer Welt."

Ein neues Zeitalter brach an. Der Geist Gottes tat sich mit Macht in der Lichtwelt kund. Es wurde jedem Bruder des Tempels bewusst, dass das, was sie als schlafendes Ungeheuer betrachteten, in Wirklichkeit der himmlische Vater war. Das was dunkel war, erstrahlte, denn der „Sohn" war das Wort, das Erste, was das große Unbekannte von sich gab.

Von nun an hatten die Brüder des Lichts die Macht, mit der Gottheit zu sprechen. Stets erhielten sie im Innersten eine wahre Antwort.

Der Andere sah, wie sehr sein Reich bedroht war und es kam ihm in den Sinn, die Menschheit auszulöschen. Die zwei Weltkriege waren ein Zeugnis dieser Wut. Furchtbare Waffen wurden dem Menschen gegeben, aber die Welt hielt stand, denn sie war eine kraftvolle Schöpfung.

Adon-is berief einen machtvollen Blauen Mönch, Arion, dieser verkörperte sich in Franz Bardon. Moloch erkannte sofort den Thot, gegen den er immer den Kürzeren zog. In dunklen Gedanken war es ihm rätselhaft, wie dieser Geist ihm widerstand. Die Götter liebten ihn wohl sehr, aber Molochs Hass war umso größer. Er konnte zwar den Körper stark beeinflussen, doch er kam nicht an die geistige Substanz heran.

„Frabato" teilte den Menschen in seinen Büchern mit, wie oder auf welche Art sie sich befreien konnten, denn die Besessenheit war nach wie vor oder sogar stärker vorhanden. Nach vollendeter Mission ging dieser seiner Aufgabe erst recht im Lichttempel nach. Er bekam den Segen der Gottheit zu spüren, denn er gehörte nun zu den 12 Alten, welche den Geist der Gottheit in sich bargen. In diesen erhabenen Bund aufge- nommen zu werden, ist eine große Auszeichnung!

Er sorgte aber weiter für jeden seiner Schüler, versuchte das Schicksal so milde wie möglich für die Seinen zu gestalten. Ja, er griff sogar direkt ein (Siehe „Auf der Suche nach Meister Arion"), wenn einer seiner Schüler vom Anderen zu stark bedroht wurde. Er ist eben der beste Meister im Universum, der ultimative Lehrer!

Jetzt im Jahre 1985 sind es erst wenige tausend Schüler, die seine Werke gelesen haben und die Reifsten unter denen, die die Schwelle überschritten haben, werden immer mehr aus der anderen Welt beeinflusst, um nach Mitschülern zu suchen. Kleine Gruppen – wie der „Bardonkreis des Bundes" – bildeten sich wie Schulungsgemeinschaften. Jedem die individuelle Freiheit lassend, fanden Hermetiker Schutz und Rat beim Mitschüler. Ja, der Geist Frabato teilte sich in besonders schweren Fällen mit. Er sorgte aufs Beste für alle, die den schweren Kampf gegen Moloch aufnahmen, und musste der eine oder andere Schüler die Erde verlassen, so wurden diese in besonderer Form und Ehre in der Astralebene aufgenommen.

Etliche Widerwärtigkeiten wurden den Menschen erspart, welche die übermenschliche Kraft aufbrachten, den Weg der 1. Tarotkarte zu gehen. Ihnen wurde offenbart, was nie ein Sterblicher wissen konnte. Die Genien der Schöpfung belehrten einige Wenige, denn Magie und Mystik gehen Hand in Hand. Die mystische Seite der Magie der 1. Tarotkarte blieb geheim. Nur Einzelne hatten das Privileg, in das Unbekannte zu schauen oder den Beistand von Lichtwesen zu erhalten.

Welcher Mensch wusste von den 7 Entwicklungsstufen des Menschen, beginnend in der niedrigsten Astralsphäre, endend in der „göttlichen Ebene"? Wer weiß, dass der Mensch „der Gottesteil der 7 Ewigkeiten" ist? Wer ahnt, dass der Mensch die Aufgabe hat, in der Dunkelheit zu leben, um aus ihr Licht zu machen? Wer hat erkannt, dass wir mehr oder minder selbst Schöpfergeister sind, denn was wir errichten, wird dereinst Lebensraum für andere, jetzt noch niederer Wesen werden?

Nur wir können diesen Aufgaben gerecht werden, denn jetzt und hier leben wir. Nur Starke können gegen die Dunkelheit antreten, welche sich uns im Symbol des Anderen – Moloch – zeigt. Immer und immer wieder treten wir an. Die Niederen als Erdgebundene, die Höheren als Menschen mit Seele, nicht sehr stark, aber ein wenig menschlich. Noch höhere kämpfen gegen sich selbst, damit sie ihren Charakter veredeln. Diese gefährden schon die Dunkelheit.

Andere treten schon mit Seele und Geist an. Sie fürchten die Abgründe nicht, denn in ihnen ist das göttliche Licht als Keim erwacht. Sie beginnen diese Welt mit Gedanken, Taten und Wirkungen zu vereinen, ohne auf die eigene Person zu achten. Dies sind die wahren Magier!

ENDE

Das goldene Blatt der Weisheit
Seila Orienta/Franz Bardon

Zum ersten Mal in der okkulten Literatur wird die 4. Tarotkarte des Hermes Trismegistos verständlich beschrieben und offengelegt. Sie beinhaltet unbekannte Konzentrations- und Meditationsübungen. Des Weiteren gibt sie Hinweise und erklärt die Unterschiede zwischen Magie und Mystik und Gefahren des einseitigen Weges. Am Ende steht die Verbindung mit der universellen Gottheit, dem Herrn der Sonnensphäre, welcher quabbalistisch „Metatron" genannt wird.

*

5. Tarotkarte – Mysterien des Steins der Weisen
Seila Orienta/Franz Bardon

Dieses Buch stellt die Vorderseite der Alchemie dar, die die einzelnen praktischen Übungsschritte erklärt, ohne die verschlüsselten Mystifikationen der alten Alchemisten auch nur annähernd zu erwähnen, wie man es aus den anderen Büchern des Franz Bardon kennt. Es wird erklärt, dass ohne vollkommene Beherrschung der 4 Elemente keine Alchemie möglich ist. Des Weiteren wird mit den einzelnen Ebenen, mit den Matrizen, dem elektromagnetischen Fluid usw. gearbeitet. Doch den Hauptpunkt stellen die göttlichen Eigenschaften wie z. B. die Allmacht dar, mit denen der Göttliche Stein der Weisen durch gewisse Übungen geladen wird.

*

Talismanologie und Mantramkunde
Seila Orienta/Franz Bardon

Zum ersten Mal werden hier (magisch) geladene Mantrams – Gebetssätze – preisgegeben, welche bei nötiger Reife, Ausgeglichenheit und Reinheit durchdringende Erfolge versprechen. Mantrams sind ja nach Bardon nicht irgendwelche „Suggestionssätze", sondern sie sind Ideenausdrücke, mit denen man mit Mächten, Kräften, Eigenschaften, also Gottheiten, in Verbindung kommen kann. Gleichzeitig werden die dazugehörigen Siegelzeichen der göttlichen Ideen preisgegeben, welche im rituellen

Zusammenhang mit den Mantrams stehen. Ein Buch, das nicht nur die Hermetiker, sondern auch die Anhänger der Yogawissenschaften inspirieren wird!

*

Eine Sammlung der schönsten und lehrreichsten Beschwörungsgeschichten
Hohenstätten

Dieses Buch ist einzigartig, denn es zeigt den zweiten Band von Franz Bardon an Hand von interessanten Evokationsberichten, die genau das bestätigen, was Bardon in seinem Buch geschrieben hat, und noch darüber hinaus. Es werden sensationelle Erlebnisse geschildert, die man sonst niemals findet. Auch aus unveröffentlichten Schriften wird zitiert.

*

Verkörperungen des Meister Arion
Hohenstätten

Man wird beim Lesen dieses Buches nicht glauben, wie viele bekannte und unbekannte Inkarnationen Franz Bardon hatte. Die paar, die im „Frabato" bekannt gegeben wurden, stellen nur einen geringen Teil seiner Verkörperungen dar. Wir mussten, da es dermaßen wenig Literatur über die Verkörperungen gab, wieder Hunderte und Aberhunderte von Büchern, Aufsätzen, Zeitschriften und Artikeln durcharbeiten, bis wir genügend Material für dieses Buch hatten. Aber der Leser wird sich beim Lesen sicherlich über unsere Arbeit freuen, denn sie wird ihn in Erstaunen versetzen!

*

Shamballa, der goldene Tempel des Lichts
Hohenstätten

Dieser Tempel dürfte jeden Leser von Bardons Roman „Frabato" fasziniert haben. Dass es aber in der okkulten Literatur noch viel mehr Informationen darüber gibt, die man aber nur findet, wenn man alles Veröffentlichte gelesen hat, dürfte dem einen oder anderen unbekannt sein. Es wurden wieder ganze Stöße von Büchern durchgesehen und das Ergebnis wird hier veröffentlicht. Es wird aber gleichzeitig darauf hingewiesen, wie viel Schundliteratur es darüber gibt, wie viel Lügen im Umlauf sind, damit sich der Schüler der Hermetik ein klares Bild machen kann. Wir bringen in diesem Buch alles, was wir an Material darüber gefunden haben, und es wird auch noch einiges aus der eigenen Erfahrung, was das Wertvollste ist, mitgeteilt. Nicht nur über den Tempel wird berichtet, sondern auch über die damit verbundene „Bruderschaft des Lichts", deren Sitz er darstellt.

*

Auf der Suche nach Meister Arion
Hohenstätten

Diese Autobiographie eines Schülers der Hermetik des Franz Bardon schildert sein magisches Leben, in welchem zahlreiche Erfahrungen zu den Übungen aus dem Adepten geschildert werden, die die Hauptperson selbst erlebt hat. Es wird der schwere Weg des Adepten aus autobiographischer Sicht gezeigt, seine vielen Tiefschläge, aber auch seine glanzvollen Seiten und Zeiten. Der harte Kampf mit dem Seelenspiegel wird bis in alle Einzelheiten aufgezeigt, genauso wie die vielen anderen Wege, in welche der Autor reinschnupperte, um dadurch reichlich Erfahrung sammeln zu können. Darüber hinaus enthält es unzählige Erfahrungen und Berichte betreffs Mantramistik nach Bardon, die wahre Runenmagie, zahlreiche Evokationen sowie Invokationen mit seinem Lehrer Anion, einen magischen Exorzismus, wie er bisher noch nie öffentlich geschildert wurde. Mentalreisen, Beeinflussungen, Übungen zur Gottverbundenheit, Erscheinungen, Alchemie, Heilungen mit den verschiedensten magischen Methoden z. B. Quabbalah oder durch die Elemente, Schutzgeistevokationen und viele andere magische „Wunder" seines Freundes und Lehrers Anion. Auch einige magische Fotos in Farbe, ein bisher von Bardon unveröffentlichtes Akashafoto von Christus und ein Bild des schwebenden Meister Arion werden in diesem Buch preisgegeben. Der Inhalt ist viel reichlicher, als hier kurz beschrieben werden kann.

*

Magisches Gleichgewicht
Hohenstätten

Dieses Buch zeigt eindeutig, dass in allen anderen Systemen das „Gleichgewicht" genauso gebraucht wird, wie bei Bardons Werken. Er war nicht der Einzige, der das erwähnte, aber er war der erste, der es deutlich erklärte, denn die anderen Systeme sprachen nur durch das Symbol, welches nicht jedem Leser verständlich war. Obendrein bringen wir noch Unveröffentlichtes vom Meister Arion zu dieser Grundlage der magischen

Entwicklung.

*

Das Leben und die Erfahrungen eines wahren Hermetikers
Seila Orienta

Diese Autobiographie eines Magiers ist unübertroffen, denn bis jetzt hat kein einziger okkult Geschulter so offen und ehrlich gesprochen wie Seila Orienta. Er gibt in diesem Werk sein Leben bekannt, sowie seine zahlreichen und äußerst interessanten Erlebnisse und Erfahrungen. Es werden auch zum ersten Mal Fotos von Wesen der Sphären gezeigt, welche Franz Bardon höchstpersönlich in den 1920ern gemacht hat. Des Weiteren schreibt Seila Orienta über die Sphären, über Dämonen, Logenkontakte und vieles, vieles mehr, was einem ehrlich strebenden Hermetiker das Herz übergehen lassen wird.

*

Das Leben des Franz Bardon
Hohenstätten

Dieses Buch beschreibt das Leben des Meisters außerhalb des Frabatos, welches seine Sekretärin – Otti V. – geschrieben hat. Es beinhaltet Erklärungen zu seiner „Biografie", weitere Einzelheiten über den Kampf mit der FOGC, seine Beziehung zu Wilhelm Quintscher und anderen Okkultisten, was alles bisher unbekannt war! Des Weiteren werden viele Erlebnisse seiner Schüler in Prag erzählt, verschiedene magische Leistungen und interessante Geschichten Bardons beschrieben, die bis dato unveröffentlicht sind. Es werden auch seine drei Lehrwerke und deren Wirkung auf die Öffentlichkeit von einem anderen, unbekannten Standpunkt geschildert, welcher durch bisher schwer zugängliche Schriften unterstützt wird. Als Krönung wird seine aus dem Tschechischen übersetzte „Runenschrift" zum ersten Mal veröffentlicht. Auch einige Seiten aus anderen unveröffentlichten Schriften von ihm sowie interessante Fotos des Meister Bardon und seiner Freunde werden hier preisgegeben und vieles, vieles mehr.

*

In Verbindung mit der Gottheit
Hohenstätten

Über das Thema der Gottverbundenheit mit all seinen Formen und

Methoden wurde bis heute noch nie ein Buch verfasst, geschweige denn eine Schrift geschrieben. Man findet in der okkulten wie in der östlichen Literatur nur spärliche Hinweise, die größtenteils verschlüsselt sind oder so geschrieben wurden, dass man sie kaum versteht. Im Gegensatz dazu wird in diesem Buch offen dargelegt, dass das 1. kleine Arkanum der 78 Tarotkarten die Gottverbundenheit in ihrer Reinform darstellt.

*

Hermetische Heilmethoden
Hohenstätten

Dieses Buch stellt in der okkulten Literatur ein absolutes Unikum dar, denn über die Gesamtheit der okkulten Heilmethoden wurde bis jetzt noch NIE etwas Sinnvolles geschrieben. Es werden alle Heilmethoden erwähnt, die der hermetische Schüler mit Hilfe seiner bisher erlangten Konzentrationsfähigkeit ausüben und verwenden kann.

*

Erste hermetische Zeitschrift

„Der hermetische Bund teilt mit" ist eine der wenigen magisch-mystischen Zeitschriften, welche sich soweit als möglich auf die universelle Lehre von Franz Bardon bezieht. Sie versucht sich an die Gesetze des 4-poligen Magneten zu halten und vermittelt Wissen sowie Hinweise für die Praxis, damit der Leser die Möglichkeit hat, sie in seinen hermetischen Weg aufzunehmen und für sich gewinnbringend zu verarbeiten.

Noch viel mehr hermetische Literatur finden Sie auf unserer Website: http://www.hermetischer-bund.com.

Viel Vergnügen beim Stöbern!

Der Verlag